당신이
커피에 대하여
알고 싶은
모든 것들

———

초판 1쇄 인쇄 2015년 6월 15일
초판 10쇄 발행 2024년 12월 30일

지은이 씨케이 코퍼레이션즈(주), 루소트레이닝랩 정경림, 박효영
펴낸이 최순영

편집·디자인 이지민 daldalbom@gmail.com

펴낸곳 ㈜위즈덤하우스 **출판등록** 2000년 5월 23일 제13-1071호
주소 서울특별시 마포구 양화로 19 합정오피스빌딩 17층
전화 02) 2179-5600 **홈페이지** www.wisdomhouse.co.kr

ISBN 978-89-98010-37-9 13590

· 이 책의 전부 또는 일부 내용을 재사용하려면 반드시 사전에 저작권자와
  ㈜위즈덤하우스의 동의를 받아야 합니다.
· 인쇄·제작 및 유통상의 파본 도서는 구입하신 서점에서 바꿔드립니다.
· 책값은 뒤표지에 있습니다.

당신이 커피에 대하여 알고 싶은 모든 것들

루소 트레이닝랩 지음

위즈덤하우스

CONTENTS

008   Prologue   커피, 그 매력속으로

LESSON 01 ››
커피를 시작하다

- **011**   Chapter 1   커피의 역사
- **012**   Chapter 2   식물학적 커피
- **017**   Chapter 3   커피의 재배
- **023**   Chapter 4   커피의 가공
- **029**   Chapter 5   커피의 분류 및 등급
- **038**   Chapter 6   커피 생산지
- **060**   Chapter 7   카페인

LESSON 02 ››
좋은 커피의 기준, 커핑

- **065**   Chapter 1   커피의 품질
- **067**   Chapter 2   생두의 품질
- **075**   Chapter 3   커피의 개성, 향
- **077**   Chapter 4   커피의 기본, 맛
- **084**   Chapter 5   커피 향미의 변질
- **085**   Chapter 6   커피품질평가 기준, 커핑

LESSON 03 ››
커피의 변화, 로스팅

- **093**   Chapter 1   생두
- **095**   Chapter 2   로스팅의 열 전달과정
- **096**   Chapter 3   로스팅 프로세스
- **098**   Chapter 4   로스팅시의 변화

LESSON 04 ››
커피 추출의 이해

- **103**   Chapter 1   브루잉의 6가지 필수 요소
- **108**   Chapter 2   브루잉 컨트롤 치트
- **110**   Chapter 3   변수에 따른 추출실습

당신이
커피에 대하여
알고 싶은
모든 것들

LESSON 05 ››
나만의 홈메이드 커피

- 113 Chapter 1 다양한 추출 도구 소개
- 126 Chapter 2 필터의 종류
- 127 Chapter 3 포트의 종류

LESSON 06 ››
에스프레소 머신의 이해

- 129 Chapter 1 머신의 발전
- 133 Chapter 2 머신의 종류와 구조
- 146 Chapter 3 머신의 관리

LESSON 07 ››
커피 분쇄하기

- 149 Chapter 1 그라인더의 종류
- 150 Chapter 2 그라인더의 구조
- 152 Chapter 3 그라인더 세팅방법
- 153 Chapter 4 그라인더 관리방법

LESSON 08 ››
완벽한 에스프레소 추출

- 154 Chapter 1 완벽한 에스프레소
- 158 Chapter 2 에스프레소 추출 테크닉
- 160 Chapter 3 에스프레소 평가

LESSON 09 ››
바리스타를 위한 운영팁

- 163 Chapter 1 서비스
- 168 Chapter 2 카페위생 관리

- 174 감수자 소개
- 175 Reference

PROLOGUE

매일 아침을 함께 열고 치열했던 하루를 같이 마감하는
한 잔의 커피. 현대를 사는 우리뿐만 아니라 역사 속 인류의 많은
지성들은 커피에 관한 수많은 찬사를 남겼습니다.

아아! 커피의 기막힌 맛이여!
그건 천번의 키스보다 멋지고,
마스카트의 술보다 달콤하다.
혼례식은 못올릴 망정, 바깥 출입은 못할 망정,
커피만은 끊을 수가 없구나.
바흐의 『칸타타』 중

노인은 커피를 천천히 마신다.
이것이 그의 하루 식량의 전부다.
이것을 마시지 않을 수 없다는 것을 그는 알고 있다.
헤밍웨이 『노인과 바다』 중

커피, 그 매력속으로

처음 발견된 이후 수백 년에 걸쳐 전 세계로
퍼져나가며 문화를 형성하고 개혁의 중심점에 있었던
커피는 현재 많은 사람들의 일상이 되었습니다.

간편하게 마실 수 있는 인스턴트커피가 주를 이루던
초반과는 달리 커피 애호가들이 증가하기 시작하면서 자연스럽게
커피시장이 확대되고 많은 관련 직종들이 생겨났습니다.
커피에 대한 관심이 높아지고 애호가들의 지식과
요구하는 품질이 높아져감에 따라 점차 저가의 대량 커피보다
고품질인 스페셜티 커피가 주목 받고 있습니다.

스페셜티 커피란 베리, 자스민, 오렌지 등 복합적이고
풍부한 개성이 뚜렷한 향미를 가진 커피들을 말하는 것으로
와인의 그랑크뤼 등급이라고 볼 수 있습니다.
그렇다면 필요한 것은 무엇일까요?
과연 어떤 커피가 좋은 향미를 가지고 있는지 평가를 하는 것과
더불어 어떠한 환경에서 품질 좋은 커피가 재배되는지,
어떻게 보관하고 어떠한 프로파일로 로스팅을 해야
향미를 살릴 수 있는지 등 다양한 관점에서의 많은 지식과 기술을
필요로 합니다. 이 책은 단순히 커피를 알고 싶은 분들뿐만 아니라
커피를 시작하는 사람들을 위한 가이드 북입니다.
커피를 어떤 환경에서 재배하고 가공하는지부터 평가하는 법,
로스팅의 원리와 추출 등 한 잔의 커피를 추출하기 위해서
진행되는 전반적인 과정을 모두 담았습니다.
이 책으로 인해 많은 분들이 더욱 즐겁게 커피를 제대로 즐기고
행복한 커피문화가 널리 전파될 수 있기를 바랍니다.

커피자연주의
LUSSO

LESSON 01

커피를 시작하다

세계의 문화, 사회, 경제뿐만 아니라
개인의 삶에도 많은 영향을 미치는 음료.
이 한 잔의 커피가 우리 앞에 오기까지
얼마나 많은 시간과 사람들의 땀과 노력이 배어 있을까?

CHAPTER 1 ››

커피의 역사

우리가 마시는 한 잔의 커피는 수년의 시간과 많은 사람들의 땀과 노력, 그리고 다양하고 복잡한 공정을 거쳐 우리 앞에 검은 액체로 태어나게 된다. 그럼 이 커피는 언제부터 마시게 되었을까?

◎ 커피는 처음 염소가 먹었다?

커피 발견에 대해 내려오는 전설 중 가장 유명한 것은 '칼디의 전설'이다. 에티오피아 지방의 염소치기인 칼디라는 목동은 어느 날 염소들이 빨간 열매를 먹고 흥분해서 날뛰는 것을 목격했다. 이상하게 여긴 칼디가 직접 그 열매를 따 먹어보니 정신이 맑아지고 흥분이 되는 것을 느껴 열매를 이슬람사원에 가져가 수도자들에게 알렸다. 수도원에서 이 열매를 달여 마시니 야간 기도 중에 수도자들이 쏟아지는 잠을 보다 쉽게 이겨낼 수 있게 되었다. 그 이후부터 성지순례를 떠나는 수도자들에 의해 에티오피아에서 주변국가로 점차 커피가 알려지기 시작하면서 이슬람 문화권을 중심으로 퍼져나가게 된다.

에디오피아의 염소치기 칼디(Kaidi)

CHAPTER 2 ››

식물학적 커피

검은 액체 속에 다양한 맛과 향을 품고 있는 한 잔의 커피는 나무에서부터 시작한다. 나무에서 꽃이 피고 열매가 맺으면 그 안의 씨앗을 가공하여 볶고 빻은 후 추출하는 과정을 거쳐야 비로소 한 잔의 커피가 되는 것이다.

■ 식물분류로 보는 커피

계(系)	식물(Plantae)
강(綱)	속새식물(Equisetopsida)
아강(亞綱)	목련(Magnoliidae)
상목(上目)	국화(Asteranae)
목(目)	용담(Gentianales)
과(科)	꼭두서니(Rubiaceae)
아과(亞科)	익소라(Ixoroideae)
족(族)	커피(Coffeeae)
속(屬)	코페아(Coffea)
종(種)	코페아 아라비카, 코페아 카네포라

◎ 커피의 기본인 삼대 원종

커피가 가지고 있는 풍부한 향만큼이나 다양한 품종들이 있다. 커피 품종은 크게 코페아 아라비카, 코페아 카네포라 그리고 코페아 리베리카로 나누어 삼대원종이라 부른다.

❶ 아라비카(L. Coffea Arabica)

아라비카는 동아프리카의 에티오피아 카파(Kaffa) 고산지대에서 처음 발견되었다. 주로 800m 이상의 고산지대에서 생산되며 규칙적인 강수량과 비옥하고 배수가 좋은 화산성 토양에서 잘 자란다. 또한 단맛이 풍부하여 병충해에 취약하고 서리가 내리거나 너무 많은 직사광선을 쬐어도 쉽게 피해를 입는다. 이처럼 재배하기 까다로워 다른 원종에 비해 생산성이 떨어지는 작물이지만 단맛과 산미, 풍부한 향 등 다양하고 복잡한 향미 프로파일을 나타내어 많은 농장에서 재배를 하고 있으며 전 세계 생산량의 70%를 차지한다.

❷ 카네포라(L. Coffea Canephora)

카네포라는 서아프리카의 콩고에서 발견되었다. 주로 800m이하의 저지대에서 자라며 아라비카에 비해 고온 다습한 기후, 병충해, 추위를 잘 견뎌 '강건하다'라는 뜻의 로부스타(Robusta)라고 부른다. 아라비카의 2배 이상의 카페인을 함유하고 있어 쓴맛과 구수한 맛이 특징이다. 생명력이 강해 재배가 쉬운 편이나 향미가 단조로운 편이라 전 세계 생산량은 약 30% 정도이다.

❸ 리베리카(L. Coffea Liberica)

아프리카 서부 대서양 연안에 위치한 라이베리아(Liberia)에서 발견된 품종이다. 커피 향미, 생산성이 다른 품종에 비해 많이 부족하여 현재는 서아프리카와 동남아시아의 일부 지역에서만 생산된다.

아라비카

카네포라

◎ 다양한 커피 품종

커피는 아라비카, 카네포라 등 원종의 특성을 가진 다양한 품종이 존재한다. 자연적으로 교배되거나 돌연변이가 일어난 품종, 또한 높은 생산성, 풍부한 향미, 병충해 등의 개선을 위해 특수한 목적으로 개발되는 인공 교배 등 현재 약 70종 이상의 품종이 있다.

아라비카 변이 품종

❶ 티피카(Typica)

대표적인 아라비카의 변이 품종인 티피카(타이피카)는 거의 원종에 가까운 특성을 가지고 있다. 나무는 약 3.5~4m의 키에 줄기가 곧게 뻗어 있으며 잔가지가 약간 경사지게 자란다. 훌륭한 향미를 가지고 있으나 주변 환경 및 병충해에 약하고 생산량이 낮아 가격이 비싼 편이다.

❷ 부르봉(Bourbon)

버본이라고도 하는 부르봉 품종은 마다가스카르의 부르봉섬(Reunion Island)에서 처음 발견되었다. 티피카종에 비해 생산량이 많으며 커피나무의 잎이 크고 짙은 녹색을 띈다. 다 익은 커피 열매의 색은 빨간색, 노란색, 오렌지색 등 다양하다. 복잡한 산미를 갖고 있으며 밸런스가 우수하고 달콤한 뒷맛이 특징이다.

❸ 게이샤(Geisha)

생산량이 매우 적어 희귀한 커피 품종 중 하나로 맛과 향이 풍부하여 신의 커피라 불린다. 에티오피아 서남부에 위치한 게이샤라고 하는 작은 마을에서 발견되었으며 코스타리카를 통해 파나마로 옮겨져 현재의 명성을 가지게 되었다. 커피나무는 다른 품종에 비해 키가 크고 잎 또한 약간 좁고 길다. 가장 좋은 품질은 아주 고도가 높은 지역에서 생산된다. 농후한 단맛과 베리, 레몬, 망고, 복숭아 같은 과일의 산미와 향을 가지고 있으며 뒷맛은 깔끔한 홍차를 마신 듯한 향이 은은하게 남는다.

❹ 켄트(Kent)

1920년대 로버트 켄트가 인도에서 발견한 티피카의 변이종이다. 질병저항성이 높아 생산성이 좋으며 현재는 탄자니아에서 많이 재배된다.

❺ 문도노보(Mondo Novo)

부르봉종과 티피카종이 자연교배되어 생겨난 품종으로 브라질에서 처음 발견되었으며 질병저항성이 높다. 현재 브라질에서 많이 생산하고 있고 부드러운 향미가 특징이다.

❻ 마라고지페(Maragogype)

티피카의 변종으로 브라질의 마라고지페(Maragogipe)에서 발견되었다. 생두의 크기가 매우 커 코끼리 콩이라고도 불리며 밀도가 단단하지 않아 향미는 특징적이지 않고 부드럽고 약한 산미를 가지고 있다. 생산량은 많지 않은 편이며 대부분은 멕시코, 니카라과, 과테말라 등지의 중미 지역에서 생산되어 북미지역에 수출된다.

❼ 파카스(Pacas)

부르봉의 변이종으로 1930년경 엘살바도르에서 발견되었다. 커피나무의 크기가 작으며 가지는 길고 잎은 진한 초록색을 띤다. 또한 바람이나 가뭄에 대한 저항성이 강하다. 생두크기는 큰 편이며 부드러운 바디와 산미, 풍부한 향이 특징이다.

❽ 카투라(Caturra)

브라질에서 발견된 부르봉의 변이종으로 커피나무는 부르봉과 유사하나 '작은 사람'이라는 카투라의 뜻처럼 키가 조금 더 작으며 녹병에 강하다. 현재는 브라질보다는 콜롬비아와 코스타리카 등지에서 더 많이 생산되고 있으며 밝은 산미와 부드러운 바디가 특징이다.

❾ 파카마라(Pacamara)

엘살바도르에서 파카스종과 마라고지페종을 교배하여 생겨난 품종이다. 마라고지페의 특성을 물려받아 생두 크기는 매우 크며 파카스의 특징인 달콤새콤한 레몬의 산미와 꽃 향기를 가지고 있다.

❿ 카두아이(Catuai)

문도노보와 카투라의 교배종으로 브라질이 원산지이며 현재는 중미지역에서 널리 재배된다. 높은 고도의 한겨에도 잘 견디는 것이 특징이다.

⓫ SL28, SL34

1930년대 스콧래버토리(Scott Laboratories)에서 좋은 품질과 높은 생산량 그리고 질병 저항성을 높이기 위해 연구하여 개량한 케냐 품종이다.

로부스타 교배종

❶ 티모르(Timor)

인도네시아의 티모르섬(Timor Island)에서 발견된 아라비카와 로부스타의 혼합종이다. 아라비카의 풍부한 향미와 로부스타의 높은 질병저항성이 돋보이나 일반적으로 아라비카 품종에 비해 향미가 뛰어나지 않다.

❷ 카티모르(Catimor)

티모르와 카투라 품종을 교배한 것으로 질병저항성이 높고 생산량도 많다. 로부스타가 교배된 티모르의 특징이 남아있어 품질은 다른 품종보다 떨어진다.

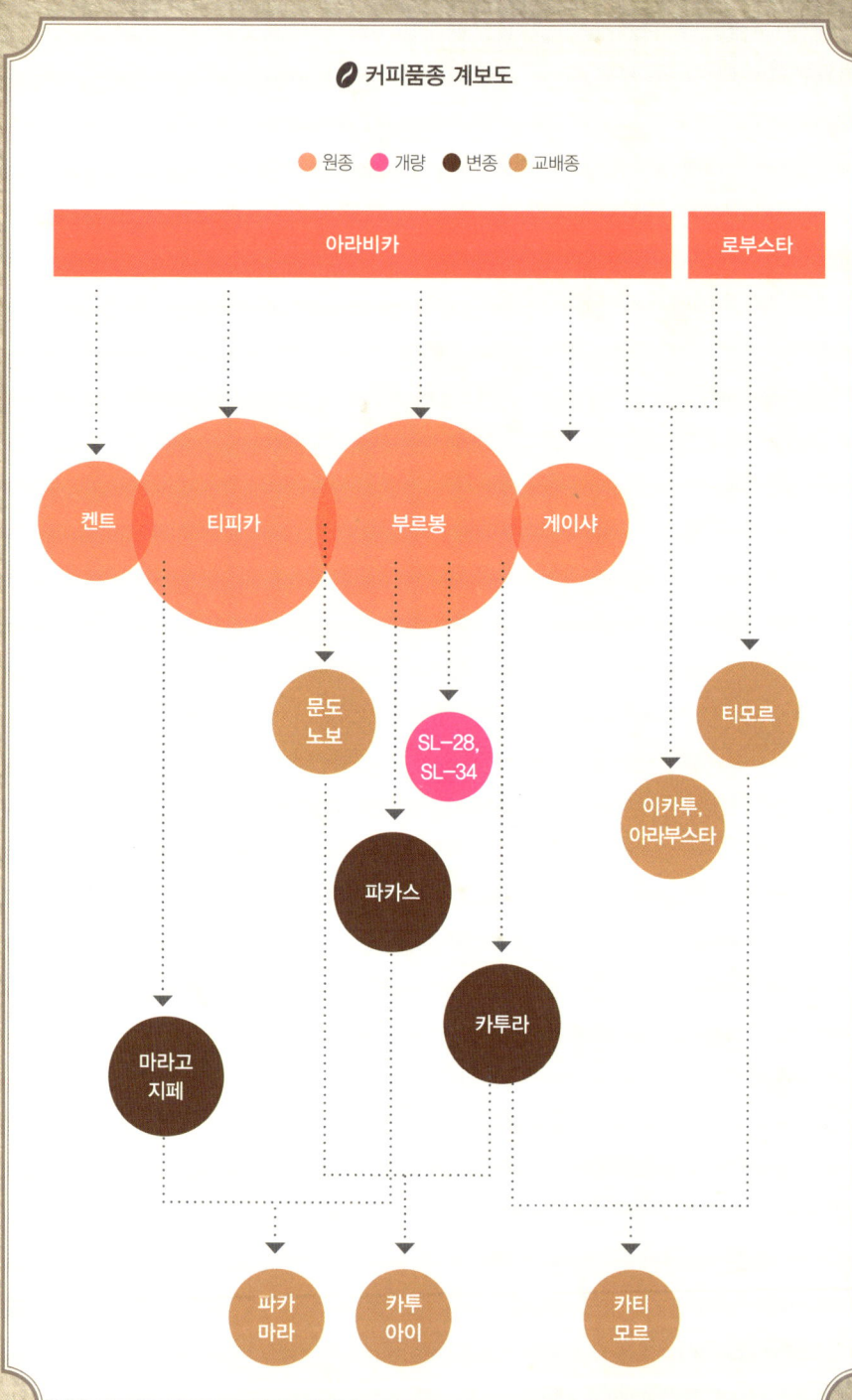

CHAPTER 3 ››

커피의 재배

일정하고 온화한 온도, 적당한 강수량과 햇빛 등 커피나무는 재배하기에 꽤 까다로운 작물에 속한다. 이와 같은 조건을 부합하는 적당한 지역은 적도지방이다. 하지만 적도지방의 저지대는 커피나무가 살 수 없을 정도로 온도가 높아 평균 15~25℃를 유지하는 해발 1,000m~1,800m 정도의 고산지대에서 재배된다. 커피나무가 주로 재배되는 곳은 남북위 25°지역으로 길게 띠를 형성하고 있어 커피존(Coffee Zone), 커피벨트(Coffee Belt)라고 부른다.

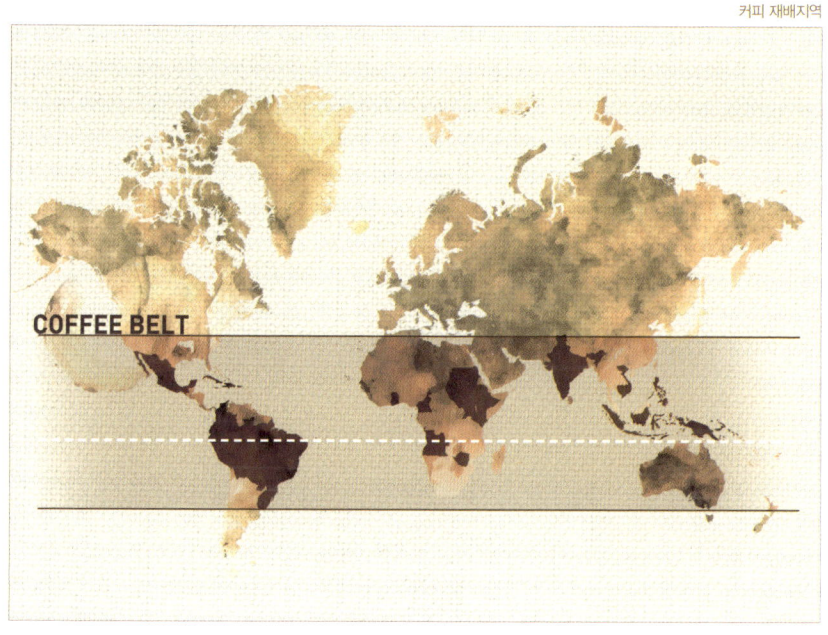

커피 재배지역

◎ 커피재배에 적합한 조건

1. 토양 | 토양의 비옥함의 정도는 온도, 습도, 견고성도, 산도, 필수무기질, 배수, 경사방향 및 고도에 따라서 달라진다. 커피가 잘 재배되기 위해서는 토양이 우기에도 배수가 잘 되도록 다공질이어야 하며 뿌리까지 영양분과 수분흡수가 잘 되도록 너무 건조하거나 단단하지 않은 것이 좋다. 특히 화산질 토양은 미네랄이 풍

부하고 약산성을 띠고 있으며 또한 철분과 칼륨이 풍부해 커피나무가 건강하게 생장할 수 있다.

2. 고도 | 커피는 주로 고지대에서 자라며 아라비카의 경우는 최소 해발 800m이상, 로부스타의 경우 200~600m에서 재배된다. 고도가 높을수록 일교차가 커지고 이에 따라 커피의 생장속도가 느려져 열매의 숙성기간이 길어지게 된다

> **TIP** 고도에 따른 일교차가 커피향미에 미치는 영향
> 식물의 잎은 낮 동안 햇빛을 받아 잎의 엽록체에서 빛과 이산화탄소를 이용하여 탄수화물과 산소를 생성하는 광합성 작용을 한다. 동시에 호흡도 같이 일어나는데 호흡을 통해 세포 내 포도당과 산소가 결합하여 열에너지로 전환되고 이산화탄소를 배출한다. 고도가 높은 경우 커피나무가 광합성을 활발히 진행하다 밤이 되어 기온이 급격히 떨어지면 자기 자신을 보호하기 위해 호흡작용이 더뎌지며 생성된 포도당을 세포 내 축적한다. 이 작용을 통해 생두밀도가 단단해지고 다양하며 복잡적인 향미와 산미가 두드러진다.

3. 기온 | 모든 나무는 기온의 영향을 받는데 특히 커피의 경우 연 평균 15~25℃ 정도의 온화한 기후에서 재배된다. 온도가 너무 낮으면 엽맥내에 수분이 얼어 냉해를 입고 온도가 높으면 타거나 나무가 빠르게 늙어 병에 걸리기 쉽다.

4. 강수량 | 아라비카의 경우 연 평균 약 1,500~2,000mm의 강수량이 필요하다. 건기가 끝나고 우기가 시작되기 전 비가 내리는 데 그 이후 꽃이 핀다. 그래서 이 비를 블로섬 샤워(Blossom Shower)라고 부른다.

5. 일조량 | 커피나무는 일조량이 너무 많아 직사광선을 많이 받게 되면 잎의 온도가 올라가 광합성이 제대로 이루어지지 않는다. 광합성이 이루어지지 않으면 에너지가 충분히 생성되지 않아 나무의 생장과 열매의 숙성 또한 제대로 되지 않는다. 그래서 커피나무 재배 시에는 햇빛을 바로 받지 않도록 키 큰 나무를 심어 자연적으로 그늘을 만들어주는 것이 좋다.

| 커피열매 | 커피열매는 약 1.5~2cm의 크기의 빨간 열매로 체리(Cherry)와 유사하다고 해서 커피체리(Coffee Cherry)라고 부른다. |

◎ 커피열매 구조

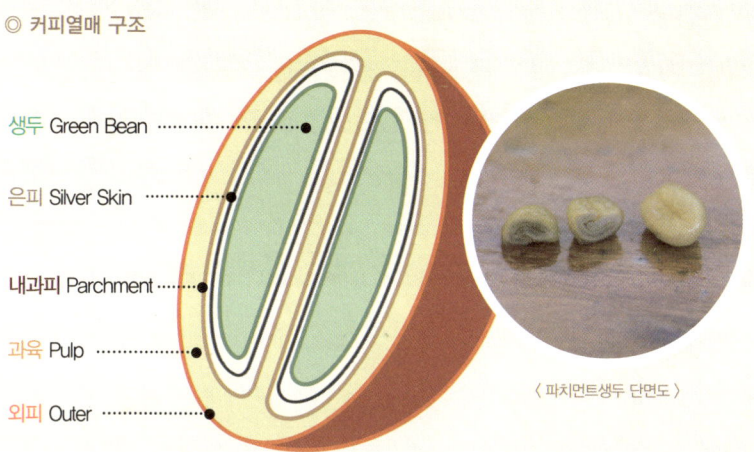

- 생두 Green Bean
- 은피 Silver Skin
- 내과피 Parchment
- 과육 Pulp
- 외피 Outer

〈 파치먼트생두 단면도 〉

겉껍질(외피, Outer)안에 달콤하지만 얇은 과육(Pulp)이 자리잡고 있다. 과육 안에는 씨앗을 보호하고 있는 딱딱한 속껍질인 파치먼트(내과피, Parchment)가 있고 그 안에 은색의 얇은 막인 실버스킨(은피, Silver Skin)이 있다. 실버스킨까지 벗겨내면 비로소 우리가 커피로 가공하는 씨앗인 생두(Green Bean)가 있다.

플랫빈 VS 피베리 VS 트라이앵글러빈

플랫빈
일반적으로 생두는 열매 하나 당 두 개의 생두가 자리 잡고 있어 한쪽 면이 평평한 플랫빈(Flat Bean)이다.

피베리
때에 따라서는 한 열매에 생두 하나가 있는 경우가 있는데 이를 피베리(Peaberry)라 부른다. 모양은 전체적으로 둥글고 플랫빈보다 크기가 약간 작다.

트라이앵글러빈
한 열매에 세 개의 생두가 있는 경우는 트라이앵글러빈(Triangular Bean)이라 부르고 모양은 초승달모양처럼 생겼다.

◎ 커피나무 재배하기

국내에서도 커피를 재배할 수 있을까? 일반적으로 국내 기후에서는 야외에서 커피재배가 어렵다. 한반도의 뚜렷한 사계절이 커피나무 재배에는 적합하지 않은 것이다. 그러나 주변 환경을 관리할 수 있는 온실이나 집에서는 관상용으로 키울 수 있다. 현재 강릉, 제주도 등 여러 곳에서 국내에서의 커피재배에 관한 지속적인 연구를 진행 중이니 언젠가는 재배할 수 있지 않을까 기대해본다.

1. 파종하기

커피나무를 재배하는 방법은 다양하지만 가장 일반적인 방법은 파치먼트 파종방식이다. 종자는 생두이지만 커피체리내의 파치먼트를 제거하지 않아야 발아율이 높다. 파치먼트 생두를 작은 화분이나 흙을 쌓아 높은 묘상(nursery)에 1~2cm 깊이로 심고 약 30℃ 정도의 높은 온도를 유지한다. 그늘막을 설치하여 너무 강한 일조량과 바람을 맞지 않도록 주의하면 약 1~2달이 지나 강낭콩처럼 5~6cm 정도 키가 크고 이후 파치먼트가 벗겨지면서 쌍떡잎이 나온다.

커피나무 묘목

2. 묘목 이식하기

커피나무의 싹이 나온 뒤 5~6개월 후 키가 50cm 가량 크고 줄기가 연필 굵기처럼 굵어지면 농장에 옮겨 심는다. 아직은 묘목이 약하기 때문에 일조량을 조절해 주고 병충해가 입지 않도록 주의한다. 강한 햇빛이 커피에 직접 닿지 않도록 키가 크거나 잎이 넓은 나무를 주위에 심어 그늘을 제공하여 온도와 일조량, 바람을 조절하기도 한다.

브라질 농장의 묘목이식

3. 가지치기

커피나무는 12m 이상까지도 자라는데 키가 너무 커지면 수확이 어렵기 때문에 약 2~3m 정도로 가지치기를 해준다. 또한 생장에 소모되는 에너지를 열매에 집중해 줌으로써 수확량을 늘려주는 역할을 한다.

4. 커피 꽃 개화

농장으로 이식 후 약 3년 정도 지나면 꽃이 피기 시작한다. 건기가 끝나고 우기가 시작되기 전 비가 내리면 커피 꽃이 일제히 개화한다. 1cm 정도의 작고 하얀 꽃이 피는데 생김새와 향이 자스민과 유사하여 '아라비아의 자스민'이라는 애칭이 붙어

있다. 아라비카와 로부스타의 꽃은 길쭉하고 얇은 5장의 잎으로 되어 있고 리베리카는 5~7장이다. 꽃은 4~5일 동안 피어 있으며 시든 후 꽃이 떨어지면 그 자리에 열매가 맺힌다.

5. 열매의 숙성

꽃이 떨어진 자리에 단단한 녹색의 열매가 맺히고 점점 커지면서 색이 변한다. 아라비카는 6~9개월, 로부스타는 9~11개월에 걸쳐 녹색에서 노란색과 붉은색으로 변하고 점점 짙은 검붉은 색으로 익어간다. 품종에 따라서는 열매가 노란색 또는 오렌지색 등으로 숙성되기도 한다. 일반적으로 과 숙성되어 검붉은 색이 되기 전에 수확한다.

열매의 숙성 과정

노란색으로 익어가는 품종

CHAPTER 4 ››

커피의 가공

커피는 적도 중심으로 남북위 25°에 집중되어 있으나 아프리카, 중남미, 지중해 연안 등 다양한 지역에서 재배된다. 그 때문에 재배나 수확시기 그리고 수출시기 또한 원산지마다 차이가 발생한다. 강수량이나 기온에 따라 연중 두 번에 걸쳐 수확하기도 하는데 대표적인 원산지가 콜롬비아와 케냐이다.

생산국에 따라 수확량 산정을 위한 기준일을 Crop Year라고 한다. Crop Year의 경우 생산국마다 잡는 기준일이 다른데 브라질의 경우 4월 1일 ~ 다음해 3월 31일, 케냐와 에티오피아의 경우 10월 1일 ~ 다음해 9월 30일이다. ICO(국제커피협회, International Coffee Organization)에서는 전세계 커피 생산량 통계자료를 위해 일정한 기준인 매년 10월 1일부터 다음해 9월 30일까지의 Coffee Year를 사용한다.

◎ 커피 열매 수확하기

커피나무를 심은 지 3~5년 정도 경과하면 안정적으로 열매를 수확할 수 있다. 커피 열매는 한 가지에 같이 열리더라도 똑같이 익어가지 않는다. 덜 익어 녹색인 열매와 다 익어서 붉은 색을 띠는 열매 그리고 너무 과다하게 익어 검게 변한 열매 등 다양하게 익어간다.

1. 핸드피킹 HAND-PICKING

핸드피킹은 익은 정도가 다양한 열매 중 잘 익은 열매만 선별하여 수확하는 방법이다. 딸기수확을 하는 것처럼 바구니를 하나씩 들고 사람이 직접 나무에 열린 열매 중 잘 익은 것만 수확한다. 하지만 열매가 익어가는 기간이 다르기 때문에 일정기간 동안 여러 번에 걸쳐 수확한다. 최대 10번까지도 수확을 하기 때문에 노동력과 시간이 많이 들긴 하지만 익은 정도가 균일하여 우수한 품질의 커피를 얻을 수 있다.

2. 스트리핑 STRIPPING

스트리핑은 가지에 열려 있는 열매를 훑어서 한 번에 수확하는 방식이다. 나무 주위 바닥에 천을 깔고 가지를 훑어 열매를 모두 수확한 후 이물질과 적당하지 않은 열매를 골라낸다. 하지만 완벽하게 걸러내기 어렵기 때문에 핸드픽 수확보다는 품질이 떨어지나 시간과 노동력은 단축된다.

3. 기계수확 MECHANICAL HARVESTING

브라질과 같이 대 평원에서 대량생산을 하는 농장에서는 사람이 직접하는 핸드피킹이나 스트리핑은 하기 어려워 기계로 수확한다. 마치 자동세차장에서 자동차를 세차하는 원리와 같이 기계가 나무를 지나가면서 기계에 달려있는 봉이 나무를 흔들어 열매를 떨어뜨린다. 인건비와 시간은 절약되나 나무를 칠 때 열매뿐만 아니라 나뭇가지나 잎 등이 떨어져 나무가 많이 상한다. 이물질과 덜 익은 열매가 섞일 수 있기 때문에 품질이 고르지 않다. 기계식 수확은 기계가 다닐 수 있는 공간이 있어야 하고 평지여야 하기 때문에 가파른 고산지대에서는 사용하기 어려운 방식이다.

◎ 가공하기 : 열매에서 씨앗으로

커피열매를 수확하고 나면 시간이 경과함에 따라 과육이 발효되기 시작해 커피 품질에 많은 영향을 미친다. 그러므로 수확 후에는 최대한 빨리 과육과 생두를 분리하는 가공과정을 거쳐야 하는데 최대 20시간을 넘지 않는 것이 좋다. 가공하는 방식은 크게 건조방식과 발효과정을 거치는 수세방식으로 나뉘는데 아무리 같은 품종을 같은 농장에서 재배했더라도 가공방식에 따라 맛과 향의 차이가 크게 나타난다. 그렇기 때문에 커피 향미를 이해하기 위해서는 가공방식의 차이점과 그에 따르는 장단점의 이해가 필요하다.

1. 건조가공 NATURAL PROCESS, DRY PROCESS

건조식은 가장 전통적이고 간편하며 친환경적인 커피 가공방식으로 태양초 고추를 말리듯이 수확한 커피열매를 그대로 콘크리트로 된 파티오(Patio)에 건조시키

는 방식이다. 커피열매를 1~5cm 정도로 최대한 얇게 펴고 수시로 뒤집어주는 써레질을 통해 썩지 않고 고루 건조될 수 있도록 한다. 생두의 수분량이 10~13% 정도가 되면 마른 껍질과 파치먼트를 제거한다. 건조가공을 하기 위해서는 일조량이 풍부해야 하며 건조기간은 일조량에 따라 달라지는데 평균 10일 정도 소요된다. 다만 모든 열매가 고르게 건조되기 어렵기 때문에 다른 가공방식보다는 결점이 많이 생기는 단점이 있으나 과육의 단맛이 생두에 그대로 흡수되어 풍부한 단맛과 향을 즐길 수 있다.

2. 수세가공 FULLY WASHED PROCESS, WET PROCESS

대부분의 생산국에서 많이 선호하는 방식인 수세가공법은 커피열매를 외피와 과육을 벗겨내고 끈적끈적한 점액질까지 제거한 후 건조시키는 방식이다. 점액질을 제거하기 위해서 발효수조에 점액질이 붙은 파치먼트 생두를 일정시간 담가둔다.

커피 체리 세척 및 이물질 선별

외피 제거

외피 제거 후 파치먼트 생두

외피와 과육 제거 후 파치먼트 건조

시간이 지날수록 효소가 점액질을 분해하면서 발효되기 시작한다. 이 발효시간에 따라 커피 맛이 달라지는데 너무 오랫동안 두면 과 발효가 일어나 커피의 품질이 떨어진다. 대략 18~24시간 정도 발효를 한 후 점액질이 모두 제거되면 파티오나 아프리칸 베드(African Bed)라 불리는 건조장에 넣어 건조시킨다.

과육을 모두 제거한 후 건조하기 때문에 건조가공에서 느낄 수 있는 단맛이 상대적으로 적게 나타나나 발효과정을 통해 독특하고 섬세한 밝은 산미가 두드러진다. 또한 외피, 과육 및 점액질을 제거하는 과정에서 이물질이나 결점의 선별이 이루어져 품질이 안정적이다. 하지만 수세방식을 하기 위해서는 물이 많이 필요하므로 소작농이나 물이 귀한 국가에서는 하기 어렵다. 그리고 발효조를 거친 물은 재사용이 불가능하여 최근 환경오염의 심각성이 대두되고 있다.

3. 반수세식 SEMI-WASHED PROCESS

반수세식은 세미워시드 프로세스라고 하여 수세식 방식과 거의 유사하다. 외피와 과육, 그리고 점액질까지 제거한 후 파치먼트 생두를 건조시키는 것은 동일하나 점액질을 발효가 아닌 점액질 제거기와 같은 물리적인 힘에 의해 제거한다.

4. 반건조식, 펄프드 내추럴 PULPED-NATURAL PROCESS

반건조식은 펄프드 내추럴이라고 하여 이름 그대로 외피와 과육만 제거한 상태로 건조하는 방식을 말한다. 수세식의 단점인 단맛부족을 보완하기 위해 개발된 방식으로 외피와 과육을 제거한 후 점액질이 붙어있는 상태로 건조하여 품질은 유지하되 점액질의 단맛을 흡수하게 한다.

5. 허니 프로세스 HONEY PROCESS

최근에 각광받고 있는 가공방식인 허니 프로세스는 펄프드 내추럴과 유사한 방식으로 가공한다. 외피를 제거한 후 과육이 있는 상태로 건조하는 방식으로 건조과정 중에 파치먼트 외관이 꿀처럼 끈적거린다고 해서 허니라는 이름이 붙었다. 남아있는 과육이 생두의 단맛에 영향을 주어 과일이나 와인처럼 달콤새콤한 맛이 특징이다. 허니 프로세스는 건조 시 남겨진 과육의 함량에 따라 다양하게 나누어진다.

❶ 화이트 허니(White Honey)
외피를 벗긴 후 점액질을 90%까지 제거하여 건조하는 방식으로 파치먼트 색이 하얗게 보여 화이트 허니라고 부른다.

❷ 옐로우 허니(Yellow Honey)
점액질을 70~80% 제거하여 건조하는 방식으로 점액질이 화이트에 비해 조금 더 남아있어 파치먼트가 노란색으로 보인다.

❸ 레드 허니(Red Honey)
외피제거 후 과육이 50~60% 정도 남아있는 상태에서 건조하는 방식이다. 하지만 다른 허니 프로세스와 달리 과육이 많이 붙어 있어 건조시간이 오래 걸리며 더욱 세심한 관리가 필요하다.

❹ 블랙 허니(Black Honey)
2012년도에 처음 선보인 허니 프로세스로 외피만 제거한 후에 과육이 80~90% 이상 대부분 남아있는 상태에서 건조하는 방식이다. 10~15일간 건조가 진행되면서 과육이 천천히 스며들어 파치먼트가 어두운 색으로 변해 블랙허니라고 부르며 와인 같은 향미가 특징이다.

CHAPTER 5 ››

커피의 분류 및 등급

가공 후 소비국으로 수출되기 전에 각 원산지에서 각자의 기준에 따라 생두를 분류하고 등급을 부여한다. 원산지에서 분류하는 방식은 맛의 차이라기보다는 외관상 깨끗하거나 결함이 없는 기준으로 분류된다. 그렇기 때문에 분류만으로 우수한 맛을 구별하는데 무리가 있다. 하지만 인증된 기관에서 인증받는 과정은 생두의 외관 및 향미까지 평가하여 등급을 부여하기 때문에 생두의 품질을 보장할 수 있다.

에디오피아 핸드픽

인도네시아 핸드픽

◎ 커피의 이름이 되는 분류법

생산지에서 분류하는 기준은 생산고도 또는 생두의 밀도, 크기, 결점이 포함된 정도에 따라 다양하게 나누어진다. 커피의 이름은 산지명과 지역명, 농장명 그리고 대부분 분류 등급명을 붙여 지어지니 이름만 보고도 많은 정보를 얻을 수 있다.

1. 생산고도/생두밀도에 따른 분류법

커피가 재배되는 고도가 높을수록 큰 일교차 때문에 생두의 숙성이 느려져 밀도가 단단해진다. 단단해질수록 세포 조직 또한 치밀해져 생두의 맛과 향이 풍부해지며 산미가 좋아진다. 고도가 높을수록 더 높은 등급이 부여되며 주로 과테말라, 엘살바도르, 온두라스 등의 중미지역에서 사용한다.

■ 해발고도에 따른 분류 기준

원산지	등급	해발고도(m)	비고
과테말라	SHB	1,400 이상	Strictly Hard Bean
	HB	1,200 ~ 1,400	Hard Bean
	EPW	900 ~ 1,000	Extra Prime Washed
코스타리카	SHB	1,200 ~ 1,650	
	HB	800 ~ 1,100	
엘살바도르	SHG	1,200 이상	Strictly High Grown
	HG	900 ~ 1,200	High Grown
온두라스	SHG	1,500 이상	
	HG	1,000 ~ 1,500	
멕시코	Altura	1,000 ~ 1,600	
	PW	700 ~ 1,000	Prime Washed

2. 크기에 따른 분류법

생두의 크기에 따라 분류하는 방식으로 스크리너(Screener)를 이용하여 생두의 폭을 측정한다. 스크리너로 재는 사이즈 단위는 스크린사이즈라고 하며 스크린사이즈 1은 1/64inch로 약 0.39mm 정도이다. 크기가 클수록 높은 등급을 받으며 가격 또한 높아진다. 다만 생두의 크기가 크다고 해서 반드시 맛과 향이 우수하다는 뜻은 아니다.

■ 생두 크기에 따른 분류기준

원산지	등급	스크린사이즈	비고
콜롬비아	Supremo	SC 17 이상	6.75mm 이상
	Excelso	SC 14 ~ 16	5.56mm ~ 6.35mm
케냐	AA	SC 18 이상	7.14mm 이상
	A	SC 17 이상	6.75mm 이상
	AB	SC 15 ~ 16	5.95mm ~ 6.35mm
	C	SC 14	5.56mm
탄자니아	AA	SC 18 이상	7.14mm 이상
	A	SC 17	6.75mm
인도	Cherry AA	SC 16	건조가공
	Cherry AB	SC 15	건조가공
	Plantation AA	SC 17	수세가공
	Plantation A	SC 16	수세가공
	Plantation B	SC 15	수세가공

3. 생두 결점에 따른 분류

일정량의 생두 내에 결점이 어느 정도 있는지를 검사하여 분류하는 방식으로 결점은 외관상으로 좋지 않을 뿐만 아니라 차후 커피의 향미에도 부정적인 영향을 미칠 수 있다. 주로 에티오피아와 브라질에서 많이 하는 분류법이다. 에티오피아의 경우 결점의 점수에 따라 순서대로 G1 ~ G8까지 분류하며 G1 ~ G5까지가 수출대상 등급이다. G1과 G2는 수세방식, G3 ~ G5는 건조방식으로 가공한 후 결점에 따라 분류한다. 하지만 건조방식으로 가공하게 되면 수세가공보다 결점이 다소 많아 결점 점수는 차이가 나지만 G3가 G1보다 저 품질의 커피라는 뜻은 아니다.

■ 결점에 따른 분류 기준

원산지	등급	결점 수	비고
에티오피아	Grade 1	3개 이하	수세가공
	Grade 2	4 ~ 12	수세가공
	Grade 3	13 ~ 25	건조가공
	Grade 4	26 ~ 45	건조가공
	Grade 5	46 ~ 100	건조가공
페루	ESHP	~ 10	Electronic Sorted & Hand Picked
	ES	11 ~ 40	Electronic Sorted
	MCM	41 ~ 70	Machine Cleaned Majorado
	MC	71 ~ 100	Machine Cleaned
브라질	No.2	4점 이하	
	No.3	12점 이하	
	No.4	26점 이하	

인도네시아나 하와이의 경우 결점 점수 및 스크린사이즈도 같이 고려하여 분류한다.

원산지	등급	스크린사이즈	결점 점수
인도네시아	Grade 1	Large	11개 이하
	Grade 2	Small	12 ~ 25
	Grade 3	Large	26 ~ 44
	Grade 4	Medium	61 ~ 80
	Grade 5	Small	81 ~ 150
하와이	Extra Fancy	SC 19	10개 이하
	Fancy	SC 18	16개 이하
베트남	Grade 1	SC 13~16	60개 이하
	Grade 2	SC 12~13	90개 이하

◎ 제3의 물결, 스페셜티 커피

The Third Wave of Coffee(커피의 제3의 물결)는 90년대 후반에 시작되어 2000년에 들어서면서 확산되었다.

제 1의 물결이 급격한 커피 소비가 일어나면서 네스카페 등과 같은 인스턴트 커피의 확산이라고 하면 제 2의 물결은 아라비카로의 전환 이후 스타벅스와 같은 글로벌 대형 프랜차이즈 커피숍의 증가이다. 제 3의 물결은 양적인 증가보다는 질적 향상을 목적으로 단순한 원산지 분류에서 농장 또는 품종의 분류, 생산자와 소비자의 직접 거래, CoE(Cup of Excellence) 또는 스페셜티 커피(Specialty Coffee) 등 커피 자체의 특성과 품질에 초점을 맞춘 것을 말한다.

스페셜티 커피란 미국스페셜티커피협회(SCAA)에서 까다로운 절차를 거쳐 우수한 품질이라는 인증을 받은 커피를 뜻한다. 스페셜티 커피가 되기 위해서는 기본적으로 우수한 품종, 적합한 소기후(Microclimate), 영양이 풍부한 토양뿐만 아니라 고품질의 커피 생산을 위한 농법이 어우러져야 한다. 이렇게 생산된 커피가 스페셜티 커피인증을 받으려면 생두의 외관에서부터 커피의 향미까지 다양한 항목의 테스트를 거치게 된다. 생두와 원두에서의 결점여부, 추출 후 커피가 가진 향미 등을 테스트하여 80점 이상의 높은 점수를 받아야 비로소 스페셜티 커피라는 이름을 붙일 수 있다. 스페셜티 커피는 다른 일반 커피에 비해 최소 2배~20배 이상의 높은 가격에 판매가 되어 생산자들은 하향 평준화된 대량생산에서 소량의 고품질 커피생산을 위해 다양한 농법을 시도하고 많은 노력을 기울이게 되었다. 그로 인해 커피 시장 내에 더 많은 고품질의 커피가 선을 보이며 소비자 또한 복잡하고 풍부한 향미를 가진 커피를 쉽게 접할 수 있게 되었다.

◎ 작은 움직임, 서스테이너블 커피

1990년대 말 생산국의 커피 공급량이 늘어나면서 가격이 폭락하기 시작했지만 그에 비해 수요는 정체되었다. 그러나 생산지에서는 더욱 많은 양의 커피를 재배하기 위해 사용한 화학 비료 및 살충제로 인해 환경이 파괴되고 과도한 벌목으로 토양 침식 및 필요 곡물의 생산 비중이 현저하게 떨어졌다. 환경을 보호하면서 커피의 생산을 지속 가능하도록 하기 위해 서스테이너블 커피(Sustainable Coffee) 개념이 도입되고 다양한 실천방안들이 생겨났다.

❶ 유기농 인증 Organic

유기농 인증을 받은 커피는 화학적인 비료나 농약 등 화학자재를 사용하지 않고 최대한 자연적인 좋은 땅에서 유기적인 방법으로 생산하는 것이다. 미국의 경우 미국농무부(USDA: United States Department of Agriculture)에서 커피산지를 방문하여 내부 유기농 기준에 적합하게 생산되고 있는지를 확인한다. 유기농 인증을 받기 위해서는 최소 3년간 화학비료를 사용하지 않아 더 이상 토양에 화학비료 잔류물이 남아있지 않아야 한다. 유기농 제품이라고 해서 맛과 향이 더 풍부한 것은 아니지만 섭취하는 사람의 건강과 지속 가능한 토양의 품질을 위해 유기농으로 재배하는 것이다. 에티오피아 등 화학비료를 구입할 능력이 없는 가난한 소작 농장에서는 자연적으로 유기농 재배를 하기도 하는데 유기농 인증을 받는 절차가 까다로워 개인 소작농들이 인증을 받기란 쉽지 않다.

■ 각국의 유기농 인증 마크

〈미국〉　〈영국〉　〈프랑스〉　〈일본〉

❷ 그늘재배인증 Shade-grown, Bird Friendly

커피나무가 강렬한 햇빛을 바로 받게 되면 타거나 성장이 제대로 이루어지지 않기 때문에 키 큰 나무를 주변에 심어 자연적으로 그늘 속에서 재배되도록 하는 것이 그늘재배, 쉐이딩 농법(Shade-Grown)이다. 많은 산림벌목으로 인해 쉐이드트리(Shade tree : 그늘을 드리워주는 나무)가 줄어들게 되었고 단순히 그늘만 사라지는 것이 아닌 이 나무들에 서식하고 있던 새들의 보금자리마저 사라졌다.

새들의 서식지보호와 커피의 품질향상을 위한 그늘 제공을 하는 나무보존을 위한 것이 그늘재배인증, 즉 버드프렌들리(Bird Friendly)이다.

❸ 공정거래무역 FairTrade

커피나 코코아의 경우 생산자들이 노동력을 착취당하고 낮은 임금을 받는 경우가 많은데 공정거래 무역을 통해 생산자들에게 정당한 몫을 돌려주고 소비자들은 윤리적인 제품을 공급받을 수 있도록 하는 것이 목적이다. 이와 같이 생산국과 소비국 간에 이루어지는 무역에서 불공정한 무역행위를 규제하여 서로 동등한 입장에서 교역하는 것을 공정거래무역이라 한다. 공정거래무역의 인증을 받기 위해서는 공정한 노동환경, 직접 거래, 민주적이고 투명한 기관운영 등을 지켜야 한다.

노동자들이 협회나 기관으로부터 자유롭고 안전한 노동환경에서 정당한 임금을 받도록 하며 특히 어린아이들의 노동은 금지한다. 또한 가능한 소비자와 생산자들을 직접적으로 거래할 수 있도록 하여 중간자들의 착취를 규제하며 공정거래무역을 통해 생기는 수익의 출처를 투명화하여 생산자들이 수익을 어떻게 투자할지 결정하도록 한다.

❹ 열대우림동맹 Rainforest Alliance Certified

열대우림동맹은 생물의 다양성을 보존하고 생계를 증진시키기 위해 지속가능성을 감시하고 검증하여 인증하는 과정이다. 열대우림동맹은 1987년 Daniel Katz에 의해 설립된 비영리단체로 현재 산림벌목과 지구온난화로 인해 파괴되고 있는 열대우림을 보존하고 야생동물을 보호하기 위한 제도이다. 또한 그 지역에서의 노동자들의 권리 보호 및 복리후생 등을 위해 활동한다.

❺ 우쯔 인증 UTZ Certified

우쯔는 지속 가능한 농장과 생산자들에게 더 나은 기회를 제공하기 위해 설립되었다. 생산자들에게 더 효율적이고 친환경적인 농법 교육을 제공하여 생산조건을 향상시켜 생산자들이 그들의 어린 가족뿐만 아니라 환경까지 돌볼 수 있도록 하는 것이 목적이다. 커피뿐만 아니라 코코아와 차에도 적용되며 현재 인증된 서스테이너블 커피의 반 이상이 UTZ인증을 획득하였다. UTZ인증을 받기 위해 보다 나은 농법과 운영, 안전하고 건강한 근무환경, 환경보호 여부 등이 이해관계가 없는 제 3자에 의해 감시와 평가가 이루어진다. 또한 UTZ 인증된 커피나 고고아, 지는 농장에서부터 판매되는 매장에 이르기까지 추적이 가능하여 소비자들은 쉽게 재배와 수확 및 가공방법들을 확인할 수 있다.

● 관련사이트 : www.utzcertified.org

◎ 생두 포장하기

가공 후 분류까지 마친 생두는 일정한 양만큼 담아 수출된다. 대부분 통기성의 이유로 쌀자루 같은 마대(Jute)자루에 담아 판매가 이루어지나 보관 또는 이동 중 변질을 막기 위해 스페셜티 등 고급커피의 경우 진공 백에 담아 수출하기도 한다. 평균 1백당 60~70kg 정도이며 생산지에 따라 조금씩 차이가 있다. 브라질, 에티오피아, 케냐 등은 60kg 단위를 사용하며, 코스타리카, 엘살바도르, 온두라스 등의 중미지역은 69kg, 콜롬비아는 70kg이다.

◎ 생두의 보관

볶은 커피는 신선도가 급격하게 떨어진다. 그러면 볶기 전 생두는 어떨까? 원두상태보다는 보관기간이 길지만 생두도 엄연히 농작물이기 때문에 시간이 지날수록, 보관이 잘못될수록 상품으로서의 가치 또한 떨어지니 보관에 주의해야 한다.

TIP 생두의 신선도에 영향을 주는 요소

습도

가공을 끝낸 생두는 약 10~13%의 수분을 함유하고 있는데 수분량이 8% 이하까지 내려가면 생두는 마른 나뭇가지와 같이 말라버리고 커피 고유의 향 또한 소실된다. 20%이상 높은 수분량은 생두에 곰팡이가 피거나 미생물이 번식할 우려가 있어 적정 수분량을 유지하는 것이 중요하다. 하지만 보관하고 있는 곳의 습도가 너무 높거나 낮으면 생두 내의 수분량 또한 변하게 되어 생두의 품질이 변질되니 항상 50~60%의 습도를 유지하는 것이 좋다.

온도

높은 온도 또한 생두의 수분 증발율을 높이므로 생두는 약간 서늘한 정도의 18~20℃ 에서 보관하는 것이 좋다.

보관
기간

시간이 지날수록 생두는 호흡작용을 하면서 향미가 점차 소실되고 황색으로 변해간다. 맛 또한 나뭇가지, 건초 등 마른 취가 나타나기 시작하므로 생두는 되도록 오래 보관하지 않도록 한다.

CHAPTER 6 ››

커피 생산지

1. 중앙아메리카와 카리브해

◆ 멕시코 MEXICO

18세기 후반부터 커피를 경작하여 현재는 전 세계 생산량의 8위를 차지한다. 70%의 지역은 약 400~1,000m 고도의 소규모 농장에서 재배하며 유기농법과 그늘재배농법을 사용하고 있다. 적당한 산미와 부드럽고 깔끔하면서 달콤한 향미가 어우러져 있으며 고지대에서 생산된 고품질의 커피를 알투라(Altura)라고 부른다.

수도 멕시코시티(Mexico City)
면적 1,972,550 km²
수확시기 10월 ~ 3월
연간생산량 약 4,300,000 bags
주요 재배지
치아파스(Chiapas)의 타파출라(Tapachula),
베라크루즈(Veracruz)의 코아테펙(Coatepec),
오악사카(Oaxaca)의 오리자바(Orizaba),
플루마(Pluma)

주 재배품종
부르봉, 티피카,
카투라 등의 아라비카종(90%),
일부 로부스타종(10%)

분류기준(생산고도)
SHG(Strictly High Grown): 1,700m 이상
HG(High Grown): 1,000~1,600m
PW(Prime Washed): 700~1,000m
GW(Good Washed): 700m이하

◆ 과테말라 GUATEMALA

18세기 중반 예수교 선교사에 의해 커피가 처음 소개되었으나 본격적인 재배는 19세기에 이르러서야 이주 독일인에 의해 이루어졌다. 국토의 대부분이 화산지형에 고산지대이나 주로 남부지역인 안티구아, 아카테낭고, 우에우에테낭고 등지에서 커피가 생산된다. 대서양의 해풍과 미네랄이 풍부한 화산재 토양으로 인해 코코아, 은은한 꽃향기, 토피넛, 감귤류의 상큼한 산미가 특징이다. 아나카페(Anacafe)라는 과테말라 국립 커피협회에서 커피산업을 관리 및 통제하고 있다.

수도 과테말라시티(Guatemala City)
면적 108,890 km²
수확시기 10월 ~ 3월
연간생산량 약 3,750,000 bags
주요 재배지
안티구아(Antigua), 아티틀란(Atitlan),
아카테낭고(Acatenango),
우에우에테낭고(Huehuetenango)
주 재배품종
부르봉, 카투라, 카투아이, 티피카 등

분류기준(생산고도)
SHB(Strictly Hard Bean): 1,400m 이상
HB(Hard Bean): 1,200~1,400m
SH(Semi Hard Bean): 1,000~1,200m
EPW(Extra Prime Washed): 900~1,000m
PW(Prime Washed): 750~900m
EGW(Extra Good Washed): 600~750m
GW(Good Washed): 600m이하

● 참고사이트 : www.anacafe.org

◆ 엘살바도르 EL SALVADOR

19세기 중반에 온두라스와 쿠바로부터 커피가 들어와 재배되기 시작하였고 20개 남짓의 화산으로 이루어져 있어 커피가 재배되기 이상적인 자연조건을 갖추고 있다. 하지만 복잡한 정치상황과 오랜 내전 등에 의해 커피산업이 크게 번창하지 못하였다. 오히려 이러한 국가의 위기상황이 고유 품종을 유지할 수 있게 하여 처음 이식된 부르봉종이 현재 재배비율의 약 70% 이상을 차지하고 있으며 나머지는 파카스종과 파카마라종이 재배된다. 20세기 후반에 이르러서야 국가 기간산업이 되어 현재 커피 재배농장은 전체의 12%에 이르며 대규모 수출보다는 우수한 품종으로 스페셜티 시장에 활발하게 유통되고 있다.

주변 인접국가인 과테말라, 온두라스와 마찬가지로 엘살바도르 역시 생산고도에 의해 생두를 분류하며 주로 수세가공을 하지만 현대에 들어서는 펄프드 내추럴 가공, 허니프로세스 가공이 늘고 있다. 특색이 뚜렷하고 강렬한 향미는 아니지만 부드럽고 달콤하며 조화로운 맛이 특징이다.

수도 산살바도르(San Salvador)
면적 21,040 km²
수확시기 10월 ~ 3월
연간생산량 약 1,175,000 bags
주요 재배지
서부의 산타아나(Santa Ana),
중부의 라 리베르타(La Libertad),
동부의 산미겔(San Miguel),
우술루탄(Usulutan)

주 재배품종
부르봉, 파카마라, 파카스, 카투라 등
분류기준(생산고도)
SHG(Strictly High Grown) : 1,200~1,800m
HG(High Grown): 900~1,200m
CS(Central Standard): 400~900m

◆ 온두라스 HONDURAS

온두라스는 대부분 고지대 산악지형이며 화산재토양으로 커피재배에 적합하나 가공 등의 기반시설이 부족하여 산업을 확대하지 못하고 있다. 하지만 온두라스 커피협회(IHCAFE: Instituto Hondureno Del Cafe)에서 농장 관리자 및 생산자들을 지속적으로 교육함으로써 커피의 품질을 높이고 스페셜티 커피 생산량을 늘리고 있어 향후에는 더 좋은 품질의 커피를 접할 수 있을 것이다. 지역에 따라 고소하고 깔끔한 단맛이 나기도 하며 일부 지역에서는 화사한 산미가 강한 커피가 생산되기도 한다.

수도 테구시갈파(Tegucigalpa)
면적 112,492 km²
수확시기 10월 ~ 4월
연간생산량 약 4,500,000 bags
주요 재배지
산타바르바라(Santa Barbara),
코판(Copan), 라파스(La Paz)

주 재배품종
부르봉, 파카마라, 파카스, 카투라 등
분류기준(생산고도)
SHG(Strictly High Grown): 1,500~2,000m
HG(High Grown): 1,000~1,500m
CS(Central Standard): 900~1,000m

● 참고사이트: www.ihcafe.hn

◆ **니카라과** NICARAGUA

온두라스와 코스타리카 중간에 위치한 니카라과는 주변 국가들과 마찬가지로 서부의 태평양 연안을 따라 화산대가 있어 커피재배에 적합한 비옥한 토양과 기후를 가지고 있다. 하지만 1979년 혁명 이후 토지 재분배를 통해 커피 재배에 공백기가 생기면서 생산량이 급감하였다. 현재는 많이 나아졌지만 아직도 어려움을 겪고 있다. 20세기 말 커피의 품질 향상을 위해 많은 노력을 기울인 결과 우수한 커피도 많이 생산되는데 대부분 중부와 북부 쪽에서 주로 재배된다.

날카로운 산미는 적고 깨끗하며 풍부한 향미를 가지고 있어 과테말라나 멕시코, 때로는 케냐 커피와 같은 느낌을 준다.

수도 마나과(Managua)
면적 130,000 km²
수확시기 10월 ~ 3월
연간생산량 약 2,100,000 bags
주요 재배지
북부의 누에바 세고비아(Segovia), 히노테가(Jinotega), 중부의 마타갈파(Matagalpa)

주 재배품종
카투라, 부르봉, 파카마라, 마라카투라, 카투아이 등
분류기준(생산고도)
SHG(Strictly High Grown): 1,200~1,800m
HG(High Grown): 900~1,200m

◆ **코스타리카** COSTA RICA

18세기 후반 쿠바를 통해 전해져 커피 재배를 시작하였으며 대부분의 면적이 화산토양에 기후가 온화하여 면적당 생산량이 높으며 품질도 우수하다. 국가적으로 로부스타 생산을 금지하고 있으며 기술향상과 품질향상 그리고 생산자와 가공업자, 수출업자의 권익보호 등을 위해 국립커피연구소(ICAFE: Instituto del Cafe de Costa Rica)가 노력하고 있다. 코스타리카 중부에 위치한 수도 산호세 남부에 따라주(Tarrazu)지역이 대표적인 생산지역이며 깨끗하고 적당한 산미와 단맛, 부드러운 바디와 밸런스가 우수하다.

수도 산호세(San Jose)
면적 51,100 km²
수확시기 10월 ~ 3월
연간생산량 약 1,799,000 bags
주요 재배지
센트럴밸리(Central Valley),
웨스트밸리(West Valley),
따라주(Tarrazu), 트레스리오스(Tres Rios),
오로시(Orosi), 브룬카(Brunca),
과나카스테(Guanacaste)

주 재배품종
티피카, 카투라, 카투아이,
비야사르치, 게이샤 등
분류기준(생산고도)
SHB(Strictly Hard Bean): 1,200~1,650m
GHB(Good Hard Bean): 1,100~1,250m
HB(Hard Bean): 800~1,100m
MHB(Medium Hard Bean): 500~1,200m

● 참고사이트 : www.icafe.go.cr

◆ 파나마 PANAMA

파나마는 중앙아메리카와 남아메리카를 이어주는 위치에 있으며 북쪽엔 코스타리카, 남쪽엔 콜롬비아가 자리 잡고 있다. 19세기 말 유럽인들의 이민으로 인해 커피 생산이 시작되었고 미네랄이 풍부한 화산재토양과 적당한 일조량, 해발 1,500m 이상의 고산지대로 이루어져 있어 커피재배를 위한 천혜의 조건을 가지고 있다. 주로 바루화산이 있는 보케테(Boquete)지역에서 생산되며 파나마의 대표 품종인 게이샤는 연간 수출량의 약 1%를 차지한다.

수도 파나마시티(Panama City)
면적 75,517 km²
수확시기 12월 ~ 3월
연간생산량 약 120,000 bags
주요 재배지
서부의 보케테(Boquete), 볼칸 바루(Volcan Baru)
주 재배품종
카투라, 카투아이, 게이샤, 티피카, 문도노보 등

분류기준(생산고도)
SHB(Strictly Hard Bean): 1,200~1,800m
HB(Hard Bean): 900~1,200m

TIP 게이샤

게이샤는 에디오피아 서남쪽 카파(Kaffa)지역의 마지(Maji)에 위치한 게샤(Gesha) 숲에서 자라는 야생 커피 품종이다. 파나마의 돈파치(Don Pachi) 농장에서 로야 질병에 강한 품종을 파나마에 이식하였는데 그 품종이 바로 게이샤였다. 당시에는 그 품종의 우수함을 몰랐으나 1993년 하시엔다 라 에스메랄다(Hacienda La Esmeralda) 농장에서 게이샤의 우수성을 발견하고 2004년 베스트 오브 파나마(Best of Panama) 대회에서 1위를 수상하면서 전 세계로 게이샤를 알렸다. 복잡하고 화사한 꽃과 다양한 과일향이 풍부하며 상쾌한 산미가 뛰어나 신의 커피라는 애칭을 얻게 되었다.

◆ 자메이카 JAMAICA

카리브해에 위치한 자메이카는 우리에게 블루마운틴 커피를 생산하는 나라로 잘 알려져 있다. 대부분의 커피는 중동부에 위치한 블루 산맥에 걸쳐 재배되는데 블루마운틴 커피는 1,200m 이상의 고지대에서 재배된 것을 일컫는다. 1725년 마르티니크섬에서 들여와 수도 킹스턴이 위치한 세인트앤드류(St. Andrew)지역에서 처음 커피를 재배하기 시작하였으며 점차 블루 산맥 쪽으로 재배 지역이 확대되었다. 20세기 중반 영국으로부터 독립한 자메이카는 일본의 투자와 자메이카 커피 산업 위원회(JCIB: Jamaica Coffee Industry Board)의 엄격하고 철저한 생산량과 품질관리를 통해 '커피의 황제'라는 명칭을 얻었다.

블루 산맥의 고지대로 갈수록 짙은 안개 덕분에 일조량이 조절되어 생두의 밀도가 단단해진다. 블루마운틴이라는 명칭을 받기 위해서는 해발 1,100m 이상의 고지대에서 재배되어야 하며 지정된 정제공장에서 가공되어야만 한다. 생산량의 80% 이상은 모두 일본으로 수출되고 나머지를 나누어 전 세계로 수출된다. 수출량이 극히 적어 희귀성이 높아 매우 고가에 판매되고 있다.

수도 킹스턴(Kingston)
면적 10,991 km²
수확시기 9월 ~ 3월
연간생산량 약 30,000 bags
주요 재배지
동부의 세이트 앤드류(St. Andrew), 세인트토마스(St. Thomas), 포틀랜드(Portland), 세인트메리(St. Mary)
주 재배품종
카투라, 블루마운틴

분류기준(생산고도, 스크린사이즈)
High Quality 해발 1,100m이상 :
Blue Mountain No.1: SC 17~18
Blue Mountain No.2: SC16
Blue Mountain No.3: SC15
Low Quality :
High Mountain: 1,100m 이하
Prime Washed: 750~1,000m
Prime Berry: 750m이하

2. 남아메리카

◆ 콜롬비아 COLOMBIA

19세기 초에 유럽의 선교사가 베네수엘라를 통해 커피를 가져오면서부터 재배되기 시작하였으며 20세기에 들어오면서 세계 3위의 커피 생산국으로 발돋움하였다. 주로 안데스 산맥을 중심으로 커피가 재배되며 비옥한 화산재 토양과 적절한 강수량과 일조량 등 환경 조건이 재배에 적합하다. 콜롬비아 전체가 커피벨트에 위치하고 있어 메인 크롭과 서브 크롭으로 연 2회 수확이 가능하다. 메인 크롭의 생산량과 품질이 월등히 좋으며 아프리카 커피와 같은 강렬한 향미는 아니지만 화사한 산미와 부드러운 과일 향이 좋아 스트레이트 커피 및 블렌딩 커피에 널리 사용된다. 콜롬비아는 주로 수세가공을 많이 하여 마일드 커피(Mild Coffee)라고 불리며 뉴욕 커피 선물시장에서는 대표적인 수세가공 커피인 콜롬비아, 케냐, 탄자니아를 콜롬비아 마일드(Colombia Mild)로 분류하여 판매한다.

수도 보고타(Bogota)
면적 1,141,748 km²
수확시기 9월 ~ 1월(3~6월)
연간생산량 약 7,800,000 bags
주요 재배지
메델린(Medelin), 마니잘레스(Manizales), 아르메니아(Armenia), 포파얀(Popayan), 나리노(Narino), 우일라(Huila)
주 재배품종
티피카, 부르봉, 카투라, 콜롬비아, 카스틸로 외
분류기준(스크린사이즈)
Supremo: SC 17 이상
Excelso: SC14~16
U.G.Q(Usual Good Quality): SC13(수출금지)
Caracoli: SC12(수출금지)

◆ **브라질 BRAZIL**

브라질은 재배에 적합한 기후뿐 아니라 값싸고 풍부한 노동력으로 인해 전 세계 총 생산량의 30~35%를 차지하며 세계 1위의 커피 생산국으로 명성을 유지하고 있다. 다른 생산국에 비해 다소 낮은 해발 900~1,200m 높이의 대규모 농장에서 재배된다. 주로 남동부 해안가를 따라 재배되고 있으며 현재는 미나스 제라이스(Minas Gerais)주가 총 51%에 이르는 정도의 최대 생산 지역이다. 생산량의 85%가 아라비카이며 부르봉, 티피카, 문도노보 등 다양한 품종이 재배되고 있으며 주로 자연건조 및 펄프드 내추럴 가공을 거쳐 고소한 견과류의 맛과 다크초콜릿 같이 묵직한 단맛이 특징이다.

18세기 초 프랑스령인 기아나(Guiana)를 통해 부르봉종이 전파되었고 약 백 년이 지난 이후부터 본격적으로 생산을 시작하였다. 20세기에 들어서면서 품질향상을 위해 브라질스페셜티커피협회(BSCA: Brazil Specialty Coffee Association)를 창설하여 커피의 품질 및 시설 개선에 많은 노력을 기울였다. 또한 컵오브엑설런스(Cup of Excellence)대회를 개최하여 매년 중남미 지역의 고품질의 커피를 찾아내는 일을 하며 선정된 커피들은 옥션을 통해 높은 가격에 판매되고 있다.

수도 브라질리아(Brasilia)
면적 8,514,877 km²
수확시기 5월 ~ 9월
연간생산량 약 43,484,000 bags
주요 재배지
바이하(Bahia)주의 차파다(Chapada), 미나스 제라이스(Minas Gerais)주의 술지미나스(Sul de Minas), 이파네마(Ipanema), 몬테 알레그레(Monte Alegre), 상파울루(San Paulo)주의 모지아나(Mojiana)

주 재배품종
부르봉, 카두아이, 아카이아, 문도노보 외

분류기준(스크린사이즈, 생두결점)
No.2: 4점 이하, Strictly Soft
No.3: 12점 이하, Soft
No.4: 26점 이하, Softish
No.5: 46점 이하, Hard
No.6: 86점 이하, Hardish

3. 아프리카

◆ 케냐 KENYA

19세기 후반 에티오피아를 통해서 커피가 이식되고 난 후 정부 산하기관인 케냐 커피이사회(CBK: Coffee Board of Kenya)에서 품종개발과 기술교육 등 적극적인 커피산업을 지원하고 있어 아프리카를 대표하는 커피생산국 중 하나이다. 국가의 대부분이 1,500m 이상의 산지로 커피 재배에 이상적인 자연 환경을 가지고 있으며 우기가 3~5월, 10월~12월에 우기가 찾아와 두 번의 커피수확이 가능하다. 10월 이후 수확이 메인 크롭(Main Crop)으로 품질이 좋고 생산량 또한 전체 약 60%를 차지하며 3월경의 수확은 플라이 크롭이라고 한다. SL28과 SL34가 주요 품종이며 묵직한 바디감과 와인 같은 산미가 특징이다.

수도 나이로비(Nairobi)
면적 582,650 km²
수확시기 10월 ~ 2월(4월 ~ 6월)
연간생산량 약 680,000 bags
주요 재배지
케냐산(Kenya Mountain),
엘곤산(Elgon Mountain), 나쿠루(Nakuru)

주 재배품종
SL28, SL34, 루이루 11 등
분류기준(스크린사이즈)
AA: SC18
A: SC17
AB: SC15~16
C: SC14

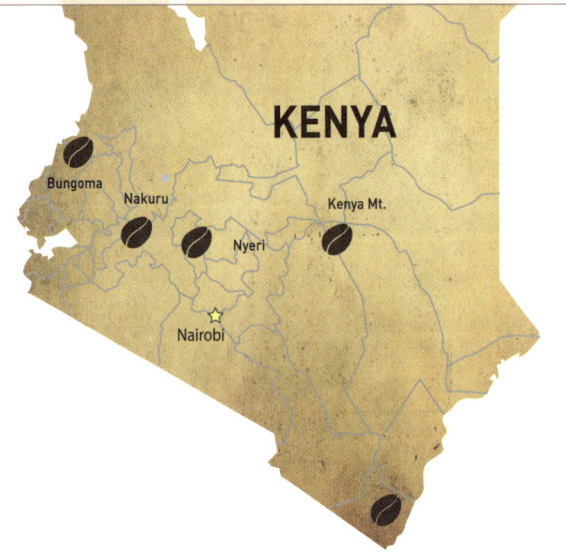

◆ 르완다 RWANDA

1904년 독일 선교사에 의해 르완다에 커피가 소개되었다. 1990년대 말 대량학살과 내전으로 국가가 거의 붕괴되었으나 르완다의 재건을 위해 미국의 후원으로 2000년에 펄프로젝트(PEARL: Partnership to Enhance Agriculture in Rwanda Linkages)가 시작되었다. 펄프로젝트를 통해 수세식 처리장을 설치하여 더욱 높은 품질의 커피를 생산하기 시작하였고 토질개선, 질병저항성 향상 등 농업에 전반적인 지식과 기술교육을 진행했다. 펄프로젝트가 성공한 후 2006년 두 번째 프로젝트인 스프레드프로젝트(SPREAD: Sustaining Partnership to enhance Rural Enterprises and Agribusiness Development)를 시작하여 경제재건을 위해 많은 노력을 기울였고 그 후 2008년 아프리카의 첫 컵오브엑설런스를 개최하였다. 르완다커피는 부드럽고 풍만한 향미가 특징이며 은은하게 느껴지는 베리류의 향기가 뛰어나다.

수도 키갈리(Kigali)
면적 26,388km²
수확시기 3월 ~ 8월
연간생산량 약 230,000 bags

주요 재배지
전국적으로 고르게 분포
주 재배품종
부르봉, 카투라, 카투아이 등

◆ 에티오피아 ETHIOPIA

아라비카 커피의 발생지이기도 한 에티오피아는 아직까지도 전통적인 기술법이 이어지고 있으며 야생커피가 재배된다. 에티오피아는 아프리카의 최대 커피생산국으로 평균 고도 약 1,300~1,800m, 연 강수량 1,500~2,500mm, 기온 15~25℃ 정도로 커피가 재배되기에 최적의 환경을 가지고 있다. 특히 예가체프(Yirgacheffe)는 2,000m 이상의 고산지대에서 재배되어 최고의 커피로 인정받으며 풍부한 꽃 향기와 산뜻한 산미가 특징이다.

수도 아디스아바바(Addis Abbaba)
면적 1,104,300 km²
수확시기 10월 ~12월
연간생산량 약 6,500,000 bags
주요 재배지
시다모(Sidamo), 예가체프(Yirgacheffe), 하라(Harrar), 리무(Limu), 짐마(Djimmah)
주 재배품종
다양한 아라비카 토착 재래종
분류기준(생두결점)
Grade 1: Washed, 3개 이하
Grade 2: Washed, 4~12개
Grade 3: Natural, 13~25개
Grade 4: Natural, 26~45개
Grade 5: Natural, 46~100개

TIP 에티오피아의 재배방법

1) 포레스트 커피(Forest Coffee) 에티오피아의 울창한 숲에서 자연적으로 자라는 야생 커피를 수확하는 재배 방식으로 야생에서 자라기 때문에 자생력이 강하며 수확량도 높은 편이다. 에티오피아 전체 생산량 중 약 10%를 차지한다.

2) 세미포레스트 커피(Semi Forest Coffee) 포레스트 커피와 마찬가지로 숲에서 자라기는 하지만 생산량을 더욱 높이기 위해 커피 나무 주변의 잡초제거 및 가지치기를 하고 일조량을 조절하는 등 관리를 해주는 재배 방법으로 총 생산량의 35%를 차지한다.

3) 가든 커피(Garden Coffee) 전체의 절반 이상이 사용하는 방식으로 농장 주변 정원에서 커피를 재배하는 방식이다.

4) 플랜테이션 커피(Plantation Coffee) 부농 소유나 국영의 대규모 농장에서 생산하는 것으로 대부분 연구 목적으로 사용하기 때문에 전체 생산량의 10% 정도만 하는 방식이다.

◆ 브룬디 | BURUNDI

서쪽의 콩고, 북쪽의 르완다 그리고 동쪽의 탄자니아 사이에 위치한 브룬디는 '리틀스위스' 라 불릴 정도로 아름다운 고산지대의 나라이다. 국가 자체의 고도는 전체적으로 높은 772m~2,670m정도이다. 적도에 가까운 열대성 기후이며 고산지대로 갈수록 온도가 낮아져 커피재배에 적합하다.

20세기 초반에 들어서야 벨기에 식민통치자들에 의해서 재배되기 시작하였으며 현재는 약 80만개의 농장에서 커피를 재배한다. 국가의 95%가 넘는 인구가 농업에 종사하고 있으며 커피가 대표적인 수출품이다. 최고의 커피 수출품을 '엔고마 커피(Ngoma Coffee)' 라고 하는데 엔고마란 타악음악으로 유명한 브룬디의 전통 북에서 따온 이름이다. 브룬디의 커피는 크기가 큰 편이며 상쾌한 열대과일의 새콤달콤한 맛과 부드러운 신맛이 특징이며 2012년부터 컵오브엑설런스에 참가하기 시작했다.

수도 부줌부라(Bujumbura)
면적 27,830km²
수확시기 2월 ~ 6월
연간생산량 약 187,000 bags
주요 재배지
북부의 응고지(Ngoji), 카얀자(Kayanza)
주 재배품종
부르봉, 잭슨 등

◆ 탄자니아 TANZANIA

탄자니아는 킬리만자로 산을 중심으로 케냐 남쪽에 위치한 나라로 주로 북쪽의 킬리만자로 산 자락과 서남부 지역에서 커피를 재배한다. 처음 콩고와 가봉에서 로부스타를 도입하여 재배하였으며 1차 세계대전 이후부터 생산량이 급증하였다. 전체의 90%이상이 소규모 농가에서 재배되며 아라비카(75%)와 로부스타(25%)를 모두 생산한다. 대부분 수세식 가공법을 거치며 케냐보다 생두가 크고 넓적하다. 상큼한 산미가 좋으며 바디감은 약간 약하지만 깔끔하고 밸런스가 우수하다.

수도 도도마(Dodoma)
면적 945,087km²
수확시기 7월 ~ 2월
연간생산량 약 534,000 bags
주요 재배지
북부지역의 모시(Moshi),
서부의 탕가니카(Tanganyika)호수,
남부지역의 니아사(Nyasa)호수

주 재배품종
부르봉. 켄트 등
분류기준(스크린사이즈)
AA: SC18 이상
A: SC17
B: SC16
C: 15
PB: Peaberry

4. 아시아

◆ 인도 INDIA

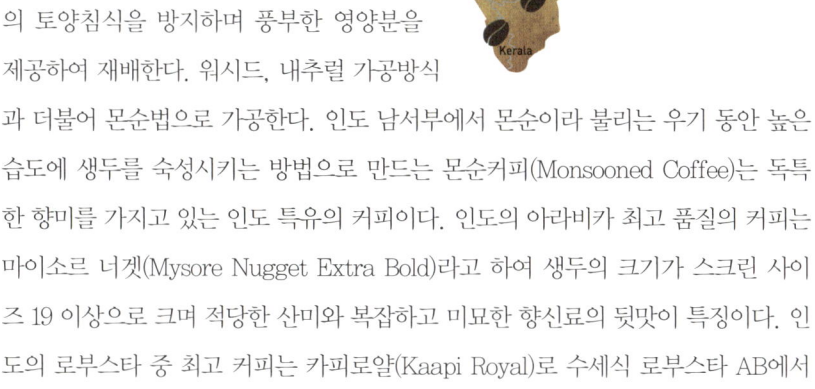

예멘의 전설적인 성자 바바부단에 의해 전파되었다는 인도의 커피는 1990년 시장 자율화 이후 생산량이 급속도로 성장하고 있다. 오렌지, 바닐라 등의 식물을 쉐이드 트리로 사용하여 가파른 지역에서의 토양침식을 방지하며 풍부한 영양분을 제공하여 재배한다. 워시드, 내추럴 가공방식과 더불어 몬순법으로 가공한다. 인도 남서부에서 몬순이라 불리는 우기 동안 높은 습도에 생두를 숙성시키는 방법으로 만드는 몬순커피(Monsooned Coffee)는 독특한 향미를 가지고 있는 인도 특유의 커피이다. 인도의 아라비카 최고 품질의 커피는 마이소르 너겟(Mysore Nugget Extra Bold)라고 하여 생두의 크기가 스크린 사이즈 19 이상으로 크며 적당한 산미와 복잡하고 미묘한 향신료의 뒷맛이 특징이다. 인도의 로부스타 중 최고 커피는 카피로얄(Kaapi Royal)로 수세식 로부스타 AB에서 가장 좋은 품질을 선정하며 부드러운 맛이 좋은 최상급의 로부스타이다.

수도 뉴델리(New Delhi)
면적 3,166,414km²
수확시기 10월 ~ 2월
연간생산량 약 5,333,000 bags
주요 재배지
남부 지방의 카르나타카(Karnataka)주
케랄라(Kerala)주의 말라바르(Malabar) 지역
타밀나두(Tamil Nadu)주의 닐기리스(Nilgiris)
주 재배품종
켄트, 카투라, S795 등의 아라비카종(40%),
로부스타종(60%)

분류기준(스크린사이즈)
스페셜티커피
  Mysore Nugget Extra Bold(수세식)
  Monsooned Malabar AA(건조식)
  Kaapi Royal(수세식 로부스타)
수세식가공
  Plantation AA(SC17), Plantation A(SC16)
  Plantation C(SC14)
건조식가공
  Cherry AA(SC16), Cherry AB(SC15),
  Cherry C(SC14)

◆ 인도네시아 INDONESIA

인도네시아는 17,500개 섬으로 이루어진 나라로 커피 생산에 적합한 지역은 서부의 수마트라(Sumatra)섬, 남부의 자바(Java)섬, 동부의 술라웨시(Sulawesi)섬이 대표적이다. 17세기 중반 네덜란드 인들에 의해 커피나무가 이식되어 현재는 연간 약 30만 톤 정도로 생산량이 4~5번째로 많은 나라이다.

커피나무가 자라기에 이상적인 무기질이 풍부한 화산지형을 가지고 있으나 19세기 중반 커피 녹병으로 전체 커피농장이 초토화되어 그 이후 로부스타를 재배하기 시작해 현재는 연간 생산량 중 약 90% 정도가 로부스타이며 아라비카의 생산량은 적은 편이지만 독특한 흙 냄새와 톡 쏘는 듯한 향신료 향이 특징이다.

수도 자카르타(Jakarta)
면적 1,904,569km²
수확시기 5월 ~ 10월(남부) / 10월 ~ 3월(북부)
연간생산량 약 8,250,000 bags
주요 재배지
수마트라섬의 아체(Ache),
가요마운틴(Gayo Mountain),
만델링(Mandheling), 린톤(Lintong),
자바(Java)섬, 술라웨시 섬의 토라자(Toraja)

주 재배품종
티피카, 카투라, 부르봉, 카티모르, S795, 젬버 등
분류기준(생두결점)
Grade 1: 11개 이하
Grade 2: 12~25개
Grade 3: 26~44개
Grade 4a: 45~60개
Grade 4b: 61~80개
Grade 5: 81~150개
Grade 6: 151~225개

TIP 루왁커피(Luwak Coffee)

인도네시아의 희귀커피로 잘 알려진 루왁커피는 아시안 팜 시벳(Asian Palm Civet)이라는 사향고양이가 먹고 배설한 커피 열매를 모아 가공한 것이다. 잡식성 동물인 사향고양이는 작은 동물뿐 아니라 잘 익은 과일과 커피열매를 먹는데 커피씨앗은 소화되지 않고 그대로 배설된다. 소화기관을 거치면서 단백질 분해가 일어나 독특한 향미가 생성되며 생산량이 많지 않아 고가에 판매되고 있다. 하지만 사향고양이를 포획하여 강제로 체리를 먹여 커피를 채취하는 농장들이 늘어나면서 루왁커피의 품질저하와 더불어 동물학대의 문제성이 대두되고 있는 실정이다.

◆ 베트남 VIETNAM

프랑스 선교사들에 의해 커피나무가 처음 소개되어 1800년대 중 후반 아라비카를 재배하였으나 1970년대 베트남 전쟁 종전 이후 정부가 중앙의 고산지대를 개간하여 대규모로 로부스타를 재배하기 시작하였다. 현재 세계 2위의 생산량을 자랑하며 주요 로부스타 생산국으로 전 세계의 블렌드용 커피와 인스턴트 커피 제조에 원료를 공급하고 있다. 풍부한 향미는 적으나 부드럽고 조화로운 맛이 특징이다.

수도 하노이(Hanoi)

면적 330,341km²

수확시기 10월 ~ 4월

연간생산량 약 20,000,000 bags

주요 재배지
남부의 닥락(Dac lak),
동나이(Dong nai), 람동(Lam dong) 등

주 재배품종
로부스타종(95%), 일부 아라비카종(5%)

분류기준(스크린사이즈, 생두결점)
Grade 1A: SC16~18, 30개 이하
Grade 1: SC13~16, 60개 이하
Grade 2: SC12~13, 90개 이하
※로부스타 기준

◆ 예멘 YEMEN

예멘은 에티오피아로부터 커피가 이식되고 난 후 현재까지 전통적인 방법으로 커피를 재배하고 있다. 지금은 운영하고 있지 않지만 한때 예멘의 모카항이 세계적인 커피무역항이었다. 예멘 중앙에 위치한 산악지대의 경사면을 독특한 방식으로 만든 테라스에서 주로 커피가 생산되며 사막지대가 많아 물이 귀해 주로 자연건조방식을 많이 사용한다. 커피보다는 커피열매를 그대로 끓여서 마시는 '키실'이라는 차를 음용한다.

세계 3대 명품 커피로 인정받고 있는 예멘 모카 마타리(Yemen Mocha Mattari)는 콩의 크기가 작고 단단하며 풍부한 과일향과 묵직한 바디감이 우수한 커피이다. 하지만 국가지원을 받지 못해 커피산업의 발전이 더딘 편이며 현재까지 국제커피협회(ICO: Internatinal Coffee Organization)에도 가입되어 있지 않다.

수도 사나(Sanaa)
면적 527,968km²
수확시기 6월 ~ 12월
주요 재배지
마타리(Mattari), 히라지(Hirazi),
다마리(Dhamar)

주 재배품종
티피카, 재래종 등
분류기준(결점)
1급: 마타리(Matari)
2급: 샤르키(Sharka)
3급: 사나니(Sanani)

5. 오세아니아와 태평양 연안

◆ 호주 AUSTRALIA

18세기 후반 죄수를 태운 영국의 함대가 시드니에 정착하면서 브라질에서 가져온 커피가 유입되어 재배를 시작하였다. 브라질과 비슷한 기후를 가진 지역을 선별하여 뉴 사우스 웨일즈(New South Wales) 북쪽에서 처음 재배했다. 19세기 중반에 이르러서 본격적인 커피 재배를 시작하였고 19세기 말 본국인 영국에 주로 공급하던 스리랑카가 커피 녹병으로 인해 대부분의 커피농장이 황폐해지자 호주가 대안 커피 공급처로 떠올랐다.

하지만 1차 세계대전으로 인해 불안한 국제 정세 및 인건비 상승으로 인해 커피 산업이 하향세를 타기 시작했다. 20세기 후반에 들어서야 점차 커피 재배농가가 늘어났으며 1980년대 이후 소비량이 늘어나 커피가 상업적 작물로써 인정을 받았다. 정부와 농업 관련 기관들이 커피 재배를 적극 권장하고 또한 브라질에서 커피 수확기계를 수입하여 생산량뿐만 아니라 수확량도 급증하였다. 그 이후 꾸준한 연구개발로 인해 현재는 가장 고품질인 수확기계를 자체적으로 제작하고 있다. 다른 커피 생산국에 비해서는 고도가 약 15~900m로 고지대는 아니지만 풍부한 초콜릿 같은 단맛과 뚜렷한 산미를 가지고 있다.

수도 캔버라(Canberra)
면적 7,690,000km²
수확시기 6월 ~ 10월
주요 재배지
뉴사우스웨일즈 북부,
퀸즈랜드(Queensland) 중부와 남서부
주 재배품종
카투아이, 문도노보, 티피카, 부르봉 등

◆ 파푸아뉴기니 PAPUA NEW GUINEA

호주 북쪽에 위치한 파푸아 뉴기니는 커피 재배에 적합한 아열대 기후로 연중 기온이 높고 강우량이 높으며 몬순기후의 영향을 받는다. 파푸아뉴기니의 지역은 전체적으로 고산지대이며 대다수의 농장은 삼림 개간지에 있어 실제로 접근하기가 쉽지 않아 농약과 비료의 운반이 어려워 유기농법으로 재배한다. 주로 고산지대에서 품질이 좋은 아라비카가 생산되며 최근에 저지대 해안가에서 일부 로부스타를 재배하기 시작하였다. 주 커피 재배 지역은 내륙에 위치한 서부하이랜드(Western Highlands)의 마운트하겐 지역과 동부하이랜드(Eastern Highlands)의 고로카 지역이다. 생두는 주로 수세식 가공을 거쳐 자연 건조되어 향미가 부드럽고 산미가 뛰어나다. 대표적인 커피는 시그리(Sigri)와 아로나(Arona)이다. 시그리 커피는 서부 하이랜드 와기벨리(Waghi Valley)에서 생산되어 풍부한 꽃 향기와 가볍고 상큼한 산미와 조화로운 단맛이 특징이다. 아로나 커피는 동부 하이랜드의 아로나 지역의 해발 1,700m~1,800m 이상의 고산지대에서 재배되어 와인과 같은 묵직한 과일 향이 특징이며 산미가 감미롭다.

수도 포트모르즈비 (Port Moresby)
면적 460,000km²
수확시기 4월 ~ 9월
연간생산량 약 1,415,000 bags
주요 재배지
마운트하겐, 고로카, 카이난투

주 재배품종
티피카 재래종, 아루샤, 블루마운틴, 문도노보 등
분류기준(스크린사이즈)
AA(SC18이상), A(SC17),
AB(SC16),B(SC15),C(SC14이하)

◆ 하와이 HAWAII

하와이는 가장 큰 섬인 '빅아일랜드'와 더불어 총 8개의 섬으로 이루어져있다. 화산재 토양으로 배수가 좋으며 강우량도 일정하여 커피가 깊고 풍부한 향미를 가지게 된다. 빅아일랜드 중앙에 약 4,000m가 넘는 두 개의 화산이 자리잡고 있는데 그 중 하나인 코나 지역에 위치한 마우나로아산의 경사지에서 고품질 커피인 코나(Kona)가 재배된다.

자메이카 블루마운틴과 예멘 모카 마타리와 함께 세계 3대 커피에 해당하는 하와이안 코나 커피는 감귤류의 향과 부드러운 산미, 깔끔한 뒷맛이 특징인 고품질의 커피이나 재배면적이 적어 100% 하와이안 코나 커피를 만나기란 쉽지 않다.

수도 호놀룰루(Honolulu)
면적 28,337km²
수확시기 9월 ~ 1월
주요 재배지
코나(Kona), 몰로카이(Molokai),
마우이(Maui), 카우아이(Kauai)

주 재배품종
티피카, 모카, 카투아이,
문도노보, 블루마운틴 등

분류기준(스크린사이즈, 생두결점)
Kona Extra Fancy: SC19, 결점두 10개 이내
Kona Fancy: SC18, 결점두 16개 이내
Kona Caracoli No.1: SC10, 결점두 20개 이내
Kona Prime: 결점두 25개 이내

Kauai

Oahu
Honolulu

Molokai

Maui

HAWAII

Kona
Hawaii

CHAPTER 7 ››

카페인

커피는 전 세계적으로 많은 사람들이 마시고 있는 기호음료이다. 하지만 현대인들의 많은 커피 소비로 커피가 건강에 미치는 영향에 대해 많은 관심이 쏠리고 있다. 커피의 어떤 성분들이 건강에 영향을 미치고 어떠한 효과가 있는지에 대해 많은 연구가 지속적으로 이루어지고 있다.

◎ 카페인의 진실

커피 성분 중 가장 많은 논란을 가져오는 성분이 바로 카페인(Caffeine) 이다. 사람들이 커피를 마시는 가장 큰 이유 중 하나는 피곤해서, 업무효과를 높이기 위해서 일 것이다. 카페인의 각성효과 때문인데 카페인은 커피뿐만 아니라 청량음료, 초콜릿, 녹차 등 다양한 음식에도 존재한다. 하지만 어떤 사람들은 한 잔만 마셔도 가슴이 두근거리거나 밤에 잠을 못 이루는 증상이 생기기도 하는데 이는 개인마다 카페인 민감도가 다르기 때문이다. 그래서 카페인의 효용성과 독성에 대한 연구가 많이 이루어지고 있다. 마시는 음료의 카페인 함량을 제대로 알고 자신의 카페인 민감도를 정확히 파악하여 적당한 양을 섭취하는 것이 건강하고 현명한 방법일 것이다.

1. 카페인의 효과

카페인이란 쓴맛을 내는 흰색의 결정체로 메틸잔틴(methylzanthine)에 속하는 식물체 알칼로이드이며 주로 커피, 차, 카카오, 과라나 열매의 잎과 씨앗 등에 존재한다. 카페인은 해충의 피해를 방지하고 유해 미생물과 세균 오염을 예방하는 항균효과가 있어 식물이 잘 성장할 수 있도록 도와준다.

카페인은 사람의 중추신경계를 흥분시켜 일시적으로 졸음을 쫓고 정신을 맑게 하며 피로를 감소시키는 각성효과를 일으킨다. 하지만 심박수를 약간 증가시켜 혈압이 상승되어 카페인에 민감한 사람의 경우 가슴 두근거림이나 손떨림 등을 경험할 수 있다. 카페인의 치사량은 10g 이상을 섭취했을 경우이며 이는 한 자리에서 커피 100잔 이상을 마신 것에 해당하는 양이다.(원두커피 한 잔당 약 75~100mg의 카페인 함유)

긍정적인 효과
- 각성효과를 증진시켜 피로를 감소
- 체지방의 분해를 증가시켜 기초대사율을 높여 근육활동을 촉진
- 아세틸콜린(Acetylcholine)이라는 신경물질을 증가시켜 집중력과 학습력 그리고 기억력 등을 향상시키는 효과
- 2형 당뇨 및 파키슨병의 위험 저하와 관계가 있음

부정적인 효과
- 숙면 방해
- 칼슘 흡수율 저하
- 위산분비를 촉진시켜 위 질환의 위험이 높아짐
- 과다 섭취 시 손 떨림 등 미세운동 조절능력을 저하
- 고혈압 환자의 과다 섭취 시 다발경색 치매, 뇌졸중 등 심혈관계 질환의 위험 증가 가능

2. 디카페인 커피

카페인은 일시적인 졸음 방지와 각성효과 그리고 기억력 상승 등의 효과를 주지만 과다 복용하거나 카페인에 민감한 사람에게는 오히려 건강을 해치는 원인이 되기도 한다. 그래서 카페인을 제거하는 방법이 개발되기 시작하였으며 EU 기준으로 99%이상 카페인이 제거되어야 디카페인 커피(Decaffeinated Coffee)가 된다.

① 로셀리우스 방식 Roselius Process

1903년 독일의 로셀리우스(Ludwig Roselius)에 의해 개발되어 처음 상업석으로 카페인을 제거하는 방식이다. 증기를 쐰 생두에 산 또는 염기를 이용하여 카페인 제거를 하는데 주로 벤젠(Benzene)을 사용하였다. 이 방식으로 생산된 커피는 카

페상카(Cafe Sanka)라는 이름으로 유럽에 판매되기 시작하였으나 벤젠의 유해성이 우려되면서 현재는 사용하고 있지 않다.

② 스위스 워터 방식(Swiss Water Process)
Swiss Water Decaffeinated Coffee Company에서 개발한 방식으로 커피의 향 손실을 줄이고 카페인만 제거하는 방법으로 많이 알려져 있다. 이 방식을 사용하기 위해서는 생두추출물(GCE: Green Coffee Extract)이라고 하는 용액이 필요하다. 먼저 생두를 뜨거운 물에 담가 카페인과 커피 내 많은 수용성 물질이 녹아 나오도록 한다. 그 후 용액을 활성탄소(Carbon filter)에 걸러내면 카페인만 제거되고 다른 수용성 성분들은 그대로 통과한다. 이렇게 만들어진 용액이 바로 생두추출물이다.
카페인을 제거하고자 하는 생두를 생두추출물에 담가 두면 카페인만 우러나게 된다. 용액에는 카페인을 제외한 수용성 성분들이 이미 포화상태를 이루고 있어 담근 생두의 수용성 성분들은 추출되지 않기 때문이다. 이 생두추출물을 활성탄소를 이용하여 걸러내고 다시 생두를 담그는 작업을 반복하여 카페인을 99%까지 제거한다. 그 후 생두를 건조시키면 대부분의 향미는 유지하고 카페인만 제거된 커피가 된다.

③ 트리글리세리드 방식(Triglyceride Process)
생두를 뜨거운 물이나 커피 용액에 담가 생두 표면에서 카페인이 나오도록 한 다음 사용한 분쇄커피에서 추출한 커피 오일에 담근다. 고온에서 몇 시간이 지나면 커피 지방성분이 트리글리세리드에 의해 카페인이 제거된다. 카페인이 제거된 생두는 커피 오일에서 꺼내어 건조시킨다.

④ 이산화탄소 방식(CO_2 Process)
이 방식은 초임계 유체 추출(Supercritical fluid extraction)이라고도 하며 고압의 이산화탄소를 사용하여 카페인을 분리하는 방식이다. 우선 스팀을 이용하여 전 처리를 거친 생두를 약 70기압 이상의 고압과 300℃ 이상의 고온상태의 초임계 이산화탄소에 담근다. 액체화된 이산화탄소에 생두를 담그면 카페인이 용해,

분리된다. 이 방식은 해로운 물질을 사용하지 않는다는 이점이 있으며 액체와 기체의 특성을 고루 갖춘 초임계 상태의 유체를 사용하므로 카페인을 쉽게 녹일 수 있다는 장점이 있다.

⑤ 직접방식(Direct Process)

직접방식이란 생두를 용매에 직접 접촉시켜 카페인을 제거하는 방식을 말한다. 우선 생두를 30분간 찐 후 이염화메틸렌 또는 초산에틸 용매로 약 10시간 정도 씻어내어 카페인을 제거한다. 용매를 제거한 생두를 다시 10시간 동안 수증기를 쬐어 잔류 용매를 제거한다.

⑥ 간접방식(Indirect Process)

간접방식은 직접방식과 유사하나 용매와 생두가 직접 접촉되지 않도록 하는 방식이다.

먼저 생두를 뜨거운 물에 몇 시간 동안 담가 성분들을 추출한 후 생두는 빼내고 남은 물에 이염화메틸렌이나 초산에틸을 넣어 카페인을 제거한다. 카페인이 제거된 물에 같은 방식으로 다른 생두들을 넣어 성분을 우려내고 다시 빼낸 후 용매를 첨가하여 카페인을 제거하는 방식을 반복한다. 여러 번의 작업을 통하면 액체 내 성분들이 포화상태가 되어 평형이 이루어지므로 더 이상 생두를 넣어도 맛이나 향 성분들이 빠져 나오지 못하는 상태가 되기 때문에 향미의 손실이 적다.

LESSON 02

좋은 커피의 기준, 커핑

커피는 무수하게 많은 변수에 의해서 향과 맛이 달라지며
개인이 느끼는 정도가 다르기 때문에 커피의 맛은 단순하게 정의하기 어렵다.
그렇기 때문에 커피를 전문적으로 다루는 직업을 가진 사람들은
커피의 맛과 향을 객관적으로 평가하는 능력이 요구된다.

CHAPTER 1 ››

커피의 품질

◎ **맛있는 커피?**
과연 어떤 커피가 맛있는 커피인가? 쉽게 대답할 수 없는 질문일 것이다. 커피의 맛과 향은 품종, 지역, 토양, 기후, 가공방식, 로스팅 방법과 단계, 분쇄굵기, 추출 방식 등 무수하게 많은 변수에 의해서 달라지기 마련이다. 그리고 개인의 기호라는 종잡을 수 없는 변수가 있기 때문에 맛있는 커피라고 하는 것을 단순하게 정의할 수 없는 것이다.

◎ **커피 품질평가의 목적**
단순히 커피를 즐기는 사람은 본인이 좋아하는 커피를 찾는 정도이지만 커피품질 관리자, 커피연구자, 로스터, 바리스타 그리고 생두바이어에 이르기까지 커피를 전문적으로 다루는 직업을 가진 사람들은 보다 객관적으로 평가하는 능력이 요구된다. 특히 관능적으로 커피의 향과 맛을 평가하기 위해서는 개인의 감각을 날카롭게 만드는 훈련을 꾸준하게 하는 것이 중요하다.

커피의 품질평가는 다양한 분야 및 여러 상황에서 이루어지지만 크게 생두의 상태를 파악하거나 제품의 품질을 확인하기 위해 진행한다.

1. 생두의 품질평가
주로 로스터리 카페나 원두 가공공장 등의 업체에서 구매 목적으로 생두의 품질을 평가하기 위해서 하는 과정이다.

커피 향미 테스트

생두 결점 분류

구매 전에 사용예정인 생두의 샘플을 받아 외관 및 관능검사를 통해 생두가 가진 맛과 향을 평가하여 생산할 제품에 적절한 생두인지, 경제적인지 등을 판단하여 구매여부를 결정한다. 생두 자체의 품질을 판단해야 하기 때문에 외부적인 요인(로스팅 정도, 로스팅 시간 등)의 영향을 최소한으로 줄이고 정해져 있는 기준에 따라 평가를 진행하게 된다.

2. 제품의 품질평가

생두 품질평가를 거친 생두는 최상의 맛을 이끌어내는 로스팅을 거쳐 다양한 방법으로 추출된다. 제품 품질평가에서는 실제 제품이 생산되어 판매되는 상태로 평가하여 항상 고객이 동일하고 고품질의 커피를 즐길 수 있도록 한다.

고객이 접하는 커피는 매장에서 판매하는 음료형태의 커피이기 때문에 커피를 제공하는 곳에서는 항상 고객이 마시는 형태로 커피의 맛과 향을 테스트하는 것이 필요하다. 매장의 레시피대로 추출한 드립, 에스프레소, 아메리카노, 카페라떼 등 기본 메뉴를 개인의 기호가 아닌 객관적인 기준에 따라 평가한다.

CHAPTER 2 ››

생두의 품질

우리가 마시는 한 잔의 커피는 로스팅 그리고 추출법에 따라서 맛과 향이 다양하게 나타난다. 하지만 그 이전으로 거슬러 올라가면 커피가 한 잔이 되기 전에 생두상태로 존재한다. 물론 로스팅이나 추출법에 따라서도 향미의 차이가 나타나지만 본 원료인 생두의 품질의 차이에 따라서 추출된 커피의 향미가 크게 달라진다. 생두자체의 품질이 우수하면 로스팅이나 추출의 차이가 있다 하더라도 전체적인 품질이 우수하게 발현된다는 것이다. 이를 위해 생두상태의 외관적인 품질을 확인하는 작업이 필요하다.

◎ 생두의 얼굴, 외관검사

외관검사는 생두의 물리적인 상태를 점검하여 품질이 어느 정도인지를 확인하는 작업이다.

가공이 끝난 생두의 적정 수분량은 약 10~13%이다. 수분함유량이 높으면 미생물이 번식하여 향미를 해치거나 곰팡이가 필 수 있다. 반대로 수분이 급격히 떨어져 7% 이하가 되면 생두 내 유기물질이 수분과 같이 소실되어 풍부한 향미와 산미가 사라져 마른 나뭇가지나 건초와 같은 맛이 나타난다.

갓 수확한 생두는 에메랄드 색을 띄고 있는 청록색이나 보관기간이 길어져 수분량이 떨어지면서 점점 녹색 → 연녹색 → 노란색으로 변해간다. 숙성이 되는 일명 Aged커피가 되기 시작하면 생두는 녹색이 아닌 갈색을 띤다.

생두는 특유의 톡 쏘는 풋내가 나는데 생두 자체의 향이 아닌 곰팡이, 소독약 냄새 등 이취(異臭)가 나는지를 확인한다. 이취가 난다는 것은 가공이나 보관 시에 주변의 불쾌한 향미를 생두가 흡착하였다는 의미이며, 추출 후 커피에서도 향미 결점으로 발현될 수 있다.

다양한 크기의 구멍이 있는 스크리너(Screener)를 이용하여 생두의 크기 즉, 스크린사이즈를 측정한다. 스크린사이즈는 생두의 폭을 재는 것이며 1 스크린사이즈는 1/64 inch(약 0.39mm)이다.

생두는 외관상 색, 모양, 크기 등이 균일한 것이 좋다. 외관이 균일하다는 것은 건조상태나 생두의 품질상태 또한 비슷한 경우이기 때문에 로스팅 시에도 균일하게 로스팅 되기 때문이다.

결점(Defect)은 생두가 다양한 원인에 따라 내, 외부적으로 변질되는 것을 말하는데 외관이 좋지 않을 뿐만 아니라 추출된 커피의 향미도 변질되어 불쾌한 느낌을 준다.

◎ 다양한 생두 결점 종류

생두는 재배나 가공 시에 발효, 이취흡수, 이물질, 생두 손상 등의 다양한 이유로 좋지 않은 향미를 낸다.

1. 검은 콩 BLACK BEAN

주로 재배나 가공 중 과하게 발효되어 미생물의 영향을 받아 생두가 검게 변한 것이다. 검게 변한 정도에 따라 나누는데 생두 전반적으로 변색되면 전체

Full Black Bean   Partial Black Bean

검은콩(Full Black), 반 이하만 변색되면 부분검은콩(Partial Black)이라 한다. 검은 콩이 들어간 커피는 추출했을 때 시큼하고 찌르는 신맛, 지저분하고 퀴퀴한 곰팡이 맛이 난다.

2. 발효 콩 SOUR BEAN

발효 콩은 검은 콩과 마찬가지로 재배나 가공 시에 과하게 익어 발효된 생두를 말한다. 시큼한 발효취를 내며 불쾌한 신맛이 나기 때문에 사우어 빈이

Full Sour Bean   Partial Sour Bean

라고도 한다. 발효가 이루어지면서 생두의 색이 노란색으로 변색이 되는데 전체 변색된 것은 전체발효콩(Full Sour), 반 이하로 변색된 것은 부분발효콩(Partial Sour)로 분류한다.

3. 곰팡이 콩 FUNGUS DAMAGE

생두가 높은 습도에 노출될 경우 곰팡이 포자가 생두에 자라기 좋은 조건이 형성된다. 특히 깨시거나 벌레가 먹어 생두의 세포가 노출이 되면 더욱 많이 생성된다. 퀴퀴한 곰팡이 맛, 흙, 시큼함 등을 유발한다.

Fungus Damage Bean

4. 이물질 FOREIGN MATTER

생두가 아닌 모든 물질(나뭇가지, 돌, 종이, 철 조각 등)은 이물질로 분류되며 가공이나 분류과정 중 제대로 분리되지 않아 유입된다. 타는 물질의 경우 로스팅 시 나오는 연기 또는 냄새가 커피에 흡수되기도 하고 타지 않는 물질의 경우 맛에는 크게 영향을 미치지 않지만 기계손상이나 섭취 시 건강상 문제를 유발한다.

Foreign Matter

5. 말린 커피체리 DRIED CHERRY, POD

생두는 커피체리의 외피와 과육을 벗기거나 그대로 건조시켜 생두만 탈곡하는 여러 가공과정을 거친다. 특히 건조가공방식의 경우 건조된 커피체리가 제대로 탈곡되지 않고 섞여 들어가기도 하는데 이 때 커피에서는 과육의 발효취, 곰팡이맛, 소독내 등이 나타난다.

Dried Cherry

Parchment

6. 파치먼트 PARCHMENT

생두를 감싸고 있는 딱딱한 속껍질인 파치먼트가 탈곡과정 중에 제대로 제거되지 않은 것을 말한다. 로스팅 시 파치먼트가 타면서 나는 연기와 냄새가 생두에 배어 전체적으로 탄 맛을 유발한다.

Hull, Husk

7. 껍질 HULL, HUSK

외피껍질과 파치먼트껍질이 모두 포함되며 탈곡 후에 껍질이 제대로 정제되지 않아서 섞여 들어간다.
파치먼트결점과 마찬가지로 로스팅 시 빨리 타며 껍질에 남아있는 흙 맛, 곰팡이 맛, 발효취 등을 내기도 한다.

8. 미성숙 콩 IMMATURE

완전히 숙성되지 않은 커피체리를 수확하여 제대로 분류하지 못해 미성숙된 생두가 섞여 들어가는 것이다. 로스팅 후에도 잘 볶이지 않아 퀘커(Quaker)가 되기도 하며 덜 익은 콩을 먹는 것과 같이 아린 풀맛, 떫은 맛 등을 유발한다.

Immature

9. 뜨는 콩 FLOATER

커피체리를 건조하거나 생두를 보관 시에 지나치게 습도가 높으면 생두의 색이 하얗게 바래지고 밀도가 낮아지게 된다. 낮은 밀도로 물에 뜨기 때문에 뜨는 콩이라고 부르며 특별한 결점의 맛이 강하지는 않으나 커피 전체적인 향미를 떨어뜨린다.

Floater

Withered

10. 주름 콩 WITHERED

커피체리가 숙성되는 기간 중에 가뭄이 오래 지속되어 생두가 제대로 수분을 흡수하지 못해 표면이 쭈글쭈글해지는 현상으로 건초, 풋내 등을 유발한다.

Broken

11. 깨진 콩 BROKEN, CUT, CHIPPED

가공이나 탈곡과정 중에 서로 마찰되거나 기계에 끼이는 등 다양한 원인으로 생두가 깨지는 것을 말한다. 생두가 깨지게 되면 그 부위에 곰팡이가 피거나 발효가 되기 쉽고 로스팅 시 깨진 부위가 더 빠르게 로스팅되어 탄 맛을 유발한다.

12. 조개모양 콩 SHELL

정상적인 생두는 단단한 밀도를 가진 하나의 콩이지만 유전적인 요인으로 생두 하나가 두 개로 분리되기도 한다. 크기도 작고 밀도가 낮아 로스팅 시 쉽게 타서 탄 맛을 유발한다.

Shell

13. 벌레 먹은 콩 INSECT DAMAGE

재배 시 달콤한 커피체리에 벌레가 유입되어 씨앗까지 파고 들어가면 생두에 구멍이 생기게 된다. 이 구멍에는 벌레

Slight Insect Damage

Severe Insect Damage

의 흔적 및 곰팡이가 피기 쉬워 요오드 냄새, 곰팡이 맛, 씁쓸한 맛 등을 유발한다. 벌레가 지나간 흔적인 구멍이 한 두 개이면 약간 벌레 먹은 콩(Slight Insect Damage)라고 분류하고, 구멍이 세 개 이상이거나 절반 이상 손상되면 심하게 벌레 먹은 콩(Severe Insect Damage)로 분류한다.

◉ SCAA의 생두 분류법

❶ 외관검사 시 필요한 양
외관검사를 하기 위해서는 최소한 생두는 350g, 원두는 100g이 있어야 한다.

❷ 생두의 적정 수분량
가공을 마친 생두는 약 10~13%의 수분량을 가지고 있어야 생두 자체의 향미를 유지할 수 있다.

❸ 생두의 냄새
생두 특유의 향이 아닌 이취(異臭)가 없어야 한다.

❹ 결점 별 점수
생두 350g 내 커피에 부정적인 영향을 미치는 결점을 찾아내 심각 정도에 따라 1차 결점과 2차 결점으로 분류한다. 스페셜티 등급은 1차 결점을 허용되지 않으며 2차 결점으로만 5점 이하여야 한다. 간혹 하나의 생두에 두 개 이상의 결점이 발견되면 그 중 심각한 결점으로 분류한다.

❺ 원두 외관검사
로스팅 후에 제대로 익지 않은 콩인 퀘커(Quaker)를 분류하는 것으로 주로 미성숙된 생두에서 나타난다. 퀘커는 날 땅콩이나 볶은 참깨와 같이 고소하지만 가볍고 살짝 기름진 향이 나는 것이 특징이나 맛이 충분치 못해 커피의 전체적인 향미를 떨어뜨린다. 스페셜티 등급은 원두 100g 내 퀘커를 하나도 허용하지 않는다.

■ SCAA 생두 결점 점수 표

1차 결점(Category 1)		2차 결점(Category 2)	
결점종류	개수/점	결점종류	개수/점
Full Black	1	Partial Black	3
Full Sour	1	Partial Sour	3
Fungus Damage	1	Parchment	5
Foreign Matter	1	Hull/Husk	5
Dried Cherry	1	Immature	5
Severe Insect Damage	5	Floater	5
		Withered	5
		Broken/Cut/Chipped	5
		Shell	5
		Slight Insect Damage	10

■ SCAA 생두 외관검사 양식　　　　　　　　　　　　　● 출처 : www.scaa.org

Specialty Coffee Association of America
Arabica Green & Roasted Grading Form

NAME: _____

DATE: _____　　　　　　　MOISTURE READING: ____

CATEGORY 1	Full Defects	CATEGORY 2	Full Defects
Full Black / Completamente negros		Partial Black / Parcialmente negro	
Full Sour / Completamente agrios		Partial Sour / Parcialmente agrio	
Dried Cherry / Cerezos secos		Parchment / Pergamino	
Fungus Damage / Daño de hongo		Floater / Flotadores	
Severe Insect Damage / Daño severo de broca		Immature/Unripe / Inmaduros	
Foreign Matter / Materia extraña		Withered / Arrugados	
Total Category 1*	0	Shell / Conchas	
		Broken/Chipped/Cut / Cortados/Quebrados	
MOISTURE: ____		Hull/Husk / Pulpa o cáscara	
		Slight Insect Damage / Daño menor de insecto	
		Total Category 2*	0
		GREEN DEFECTS CLASSIFICATION	0　Q Grade/Specialty

ROASTED COFFEE

　　　　　　　　　　　　　　　　　　　　　　　　　# OF QUAKERS ____

AGTRON READING (OPTIONAL): ____

ROASTED DEFECTS CLASSIFICATION　　　0　Q Grade/Specialty

* PLEASE NOTE: This form is designed to calculate the final classification automatically with formulas that are built into the form. The document is locked to avoid any changes to these formulas. To reference the defect equivalents, please refer to the SCAA Green Arabica Defect Handbook, available at www.scaa.org/store.

SPECIALTY COFFEE ASSOCIATION OF AMERICA®

330 Golden Shore, Suite 50 | Long Beach, CA | 90802
Phone: 562.624.4100 | Fax: 562.624.4101 | www.scaa.org

당신이 커피에 대하여 알고 싶은 모든 것들 | 좋은 커피의 기준, 커핑

CHAPTER 3 ››

커피의 개성, 향

◎ 향은 어떻게 느껴질까?

사람은 후각을 통해 휘발성 물질을 흡수하고 이 물질이 점막에 닿아 후각 수용세포를 자극시켜 향을 느끼게 된다.

향기물질은 공기를 따라 코 안쪽으로 들어가 비강 맨 위쪽에 자리잡은 후각 점막을 자극하게 된다. 향기 물질이 후각 점막 내의 후각수용세포에 닿으면 전기적 신호가 생성되어 사구체에 전달되며 사구체는 여러 신호를 조합하여 후각신경구로 전달한다. 이 신호는 다시 뇌로 전달되어 향을 구분하고 인지할 수 있게 되는 것이다.

사람에게는 약 1,000여 개의 후각수용세포들이 있으며 약 4,000여 가지 정도의 특정 냄새를 식별할 수 있다. 후각의 정도는 향기 물질의 농도와 전달되는 속도에 따라 비례하며 향기에 오래 노출이 되어 있으면 후각이 쉽게 적응하여 향을 느낄 수가 없게 된다.

그러나 다른 종류의 향에 노출되면 다시 반응하게 된다. 향기 물질의 전달 속도가 빠를수록 향의 구분이 더욱 쉬워지며 일반적으로 남자보다는 여자가 더 정확하고 다양한 향을 기억한다고 한다.

커피 향기의 분류

커피 나무가 자라면서 생성되는 자연적인 향기와 로스팅 시 생성되는 당 갈변 및 열분해에 의한 향으로 나눌 수 있다.

❶ 자연적으로 생성되는 향 (Enzymetic)
커피나무가 자라고 커피 꽃이 피며 열매가 숙성되는 동안 일어나는 효소작용에 의해서 자연적으로 생성되는 향이다. 가장 휘발성이 강한 에스테르와 알데하이드 화합물로 이루어져 있어 쉽게 인지할 수 있다. 꽃, 과일, 허브 등 가볍고 산뜻한 자연적인 향이 주를 이루며 막 분쇄한 커피가루에서 쉽게 느낄 수 있다.

❷ 당갈변에 의한 향 (Sugar Browning)
로스팅 시 생두가 열을 흡수하면서 생두 내에 있는 당(Sugar) 성분이 열과 반응하여 갈색으로 변하는 과정에서 생성되는 향이다. 볶은 견과류, 곡물, 카라멜, 솜사탕 등 고소하거나 달콤한 향이 주를 이루며 로스팅 정도에 따라 고소한 향(Nutty), 가벼운 단 향(Caramelly), 묵직한 단 향(Chocolaty)로 구분된다. 하지만 로스팅이 너무 강하게 진행되면 향기를 내는 화합물 및 당 성분도 모두 연소되어 더 이상 특징적인 향이 나타나지 않는다. 휘발성이 중간 정도라 추출된 커피의 향이나 입안에 머금었을 때 느껴지기 쉬운 향이다.

❸ 건열반응에 의한 향 (Dry Distillation)
로스팅이 진행되면서 생두의 섬유질이 열에 의해 타기 시작한다. 이 때 화학적인 반응에 의해서 생성되는 향으로 담배잎, 정향, 후추, 가죽, 나무, 송진 등이 연상된다. 가장 휘발성이 약한 향으로 주로 마셨을 때 뒷맛(Aftertaste)에서 많이 느낄 수 있다.

CHAPTER 4 ››

커피의 기본, 맛

커피는 다른 음식과 마찬가지로 기본 맛 4가지(단맛, 신맛, 짠맛, 쓴맛)을 가지고 있다. 최근에는 여기에 더불어 감칠맛을 추가하여 5가지 맛이라고 하기도 한다. 기본 맛에 향을 동시에 느껴 우리는 커피에서 다양한 맛과 향을 느끼고 구별할 수 있는 것이다.

◎ 맛이란 무엇인가?

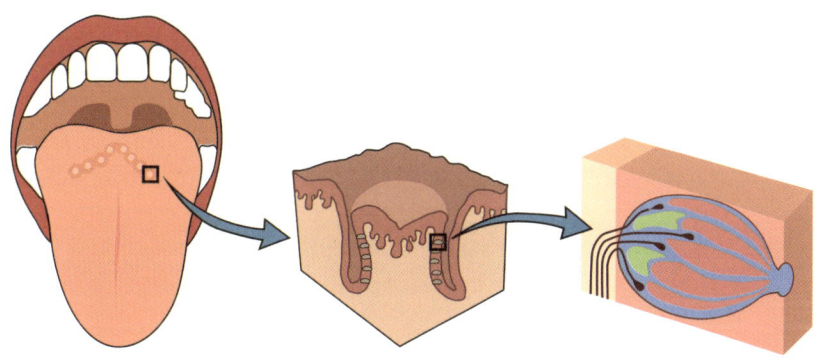

미각이란 사람의 혀에 있는 약 10,000개 정도의 미뢰 안에 미세포가 미각물질을 받아들여 자극을 느끼는 화학적 감각이다. 물, 기름 또는 침에 의해 용해되어 있어야 자극을 느끼기 쉽고 이러한 자극은 신경섬유를 통해 미세포로 전달되어 어떠한 맛과 농도인지를 구별할 수 있다.

하지만 미세포는 감각적응이 빨라 맛을 느낀 지 시간이 지나면 처음 느꼈던 농도보다 약하게 느껴지고 더 지나면 더 이상 맛을 느끼기 어려워지기 때문에 맛을 예민하게 느끼고 싶을 경우 계속 마시기 보다는 물로 충분히 헹구어 이전의 자극을 희석시켜 주는 것이 좋다.

커피 맛의 구성

단맛은 자당(蔗糖, Sucrose)과 과당(果糖, Fructose)에서 느껴지는 맛으로 과일, 카라멜, 사탕 등이 연상되어 깨끗하고 깔끔하게 기분 좋은 맛을 선사한다. 다른 맛과 달리 농도가 강해져도 맛의 질이 높아 긍정적인 느낌을 주며 어른보다는 아이가 단맛을 느끼는 미각이 발달되어 있다.

일상생활에서 느끼는 짠맛은 주로 소금같은 염화나트륨(Sodium chloride)에서 비롯된다. 하지만 커피에서의 짠맛은 염화칼륨(Potassium chloride)에서 기인되어 쓴맛과 짠맛이 섞여 있다. 주로 과 추출된 커피에서 많이 느낄 수 있고 짠맛이 다량 함유되어 있으면 비릿하고 느글거리며 거칠어 불쾌하게 느껴진다. 하지만 소량 첨가 시 단맛 또는 신맛과의 대비효과로 단맛을 돋보이게 하고 신맛을 부드럽게 해준다.

카페인(Caffeine), 클로로겐산(Chlorogenic acid), 퀴닌(Quinine) 등 알칼로이드(Alkaloid)의 성분이 녹아있는 액체에서 느껴지는 맛으로 로스팅 정도에 따라 다르게 느껴진다. 특히 클로로겐산은 로스팅이 진행될수록 퀴닌산(Quinine acid)과 카페익산(Caffeic acid)로 분해되어 쓴맛이 두드러진다.

1908년 일본 도쿄제국대학의 이케다 기쿠에나 박사가 가쓰오부시나 다시마 등을 우린 물에서 발견한 맛으로 현재 제 5의 기본 맛으로 인정받고 있다. 감칠맛이라 번역되는 우마미는 혀를 감싸는 듯한 스프나 고기 같은 맛으로 밸런스를 유지하여 전체적인 맛을 높이는 역할을 한다.

커피 내의 타닌(Tannin)과 클로로겐산에서 많이 생성되어 혀 점막을 수축시켜 일어나는 맛으로 대부분 부정적인 느낌이나 소량 함유 시 독특한 느낌을 주어 와인이나 차처럼 특별한 맛을 형성하는 역할을 하기도 한다. 커피를 오래 추출하거나 추출 후 다시 끓이는 경우 커피 내부의 타닌이 산화되어 더 떫어진다.

커피에서의 신맛은 크게 두 종류로 구분할 수 있는데 과일처럼 상큼한 신맛과 식초처럼 시큼하고 자극적인 신맛이 있다.

❶ **상큼한 신맛** | 커피 내 구연산, 사과산 등 유기산에 의해 느껴지는 맛으로 레몬, 오렌지, 자몽 등 감귤류의 산뜻하며 상쾌한 신맛을 나타낸다. 적정한 신맛은 커피의 특성을 만드는 역할을 한다.

❷ **시큼한 신맛** | 커피 열매를 가공 중 발효가 과하게 진행되면 커피에서는 시큼한 발효 맛이 생성된다. 특히 식초의 주 원료인 초산에서 느껴지는 것처럼 날카롭고 혀를 찌르는 듯한 맛이 느껴진다. 불쾌한 신맛으로 커피의 전체적인 향미를 떨어뜨린다.

음식을 섭취했을 때 입안에서 느껴지는 물리적인 감각으로 음식의 밀도, 점성, 표면장력 등의 영향을 받는다.

❶ **고형성분** | 물에 녹지 않는 고형 성분들이 입 안에 점착되어 느껴지는 것으로 로스팅 후 커피에 붙어 있는 섬유질들이 물에 녹지 않고 침전되거나 불용성 물질들이 커피에 떠 있다가 마실 때 혀와 입 천장에 점착되어 꺼끌꺼끌하게 느껴진다. 과할 경우는 텁텁하고 거친 느낌을 생성한다.

❷ **지방성분** | 커피의 전체적인 맛과 향에 영향을 주며 머금었을 때 매끄럽고 부드러운 느낌을 준다. 지방은 다양한 향미성분들을 운반하는 역할을 하는데 이는 커피를 마실 때 다양하고 풍부한 향미를 느끼기도 쉽지만 외부의 좋지 않은 향까지 흡수하기도 한다.

❸ **추출콜로이드(Brew colloids)** | 콜로이드(Colloids)는 교질(膠質)이라고도 하는데 물질이 분자나 이온상태(0.1~1.0㎛ 크기)로 액체에 고르게 용해되어 있는 것을 말한다. 커피에서는 지빙성분과 부유물질이 서로 결합하여 촉감을 더해주는 역할을 하며 다른 물질을 흡착하는 성질이 있어 커피를 마시는 동안에도 커피 향미를 지속적으로 느낄 수 있게 한다.

◎ 기본 맛의 상관관계

커피에는 다양한 맛들이 서로 섞이는 경우 중화되거나 더 돋보이는 등 각 맛에 대한 상호작용이 일어난다. 기본 맛은 단맛, 신맛, 쓴맛, 짠맛으로 분류되며 쓴맛의 경우 로스팅이 강해질수록 건열반응이 일어나면서 당이 분해되어 단맛이 떨어지고 쓴맛이 생성된다.

단맛, 짠맛, 신맛이 강도나 농도에 따라 섞였을 때 나타나는 맛을 1차 맛이라고 하고 6가지로 세분화된다. 또한 그 1차 맛을 기준으로 더 세분화된 것이 2차 맛으로 총 12가지로 분류된다.

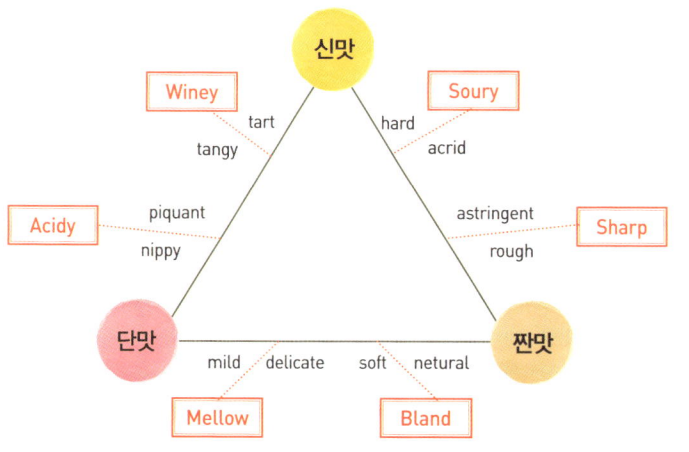

● 출처 : The Coffee Cupper's Handbook, SCAA

1. 1차 맛 PRIMARY TASTE

기본 맛이 섞이면 서로 상호작용이 일어나는데 단맛은 다른 맛들과 섞일 경우 증가되며 다른 맛들은 중화됨을 느낄 수 있다. 짠맛과 신맛이 섞일 경우는 짠맛이 증가되며 신맛이 감소되는 경향이 있다.

▶ 단맛 + 신맛 = 단맛 ↗, 신맛 ↘
▶ 단맛 + 짠맛 = 단맛 ↗, 짠맛 ↘
▶ 짠맛 + 신맛 = 짠맛 ↗, 신맛 ↘

① Winey(와인) : 와인 같은 맛으로 단맛이 신맛의 자극적인 느낌을 감소시킴

② Acidy(상큼) : 감귤로 과일의 상큼하고 상쾌한 맛
③ Mellow(달콤) : 단맛에 짠맛이 첨가되어 단맛을 증가시켜주는 달콤한 맛
④ Bland(약한) : 단맛이 짠맛을 중화시켜 별다른 특징이 없는 김빠진 맛
⑤ Sharp(자극적) : 짠맛이 신맛에 의해 증가되어 두드러지는 자극적인 맛
⑥ Soury(시큼) : 단맛이 결여된 자극적인 신맛, 주로 혀의 옆이나 뒷부분에서 느껴짐

2. 2차 맛 SECONDARY TASTE

① Tart(새콤한 와인 맛) : 덜 익은 포도를 먹었을 때처럼 신맛이 나는 와인을 뜻하는 와인용어로 산도가 높을 경우 느껴지며 혀의 옆과 앞부분에서 쉽게 느껴진다.
② Tangy(달콤한 와인 맛) : 짜릿하고 톡 쏘는 맛을 나타내며 체리같이 단맛이 강해 과일처럼 느껴지는 맛이다.
③ Piquant(자극적인 단맛) : 커피의 상큼한 맛이 변하여 나타나며 커피의 첫 모금을 머금었을 때 혀끝에서 느껴지는 자극적인 단맛을 말한다. 식으면 정상적으로 느껴지며 케냐 커피의 특징적인 맛이다.
④ Nippy(강렬한 단맛) : 단맛이 강하면서 신맛이 첨가되었을 경우 느껴지는 강렬한 단맛이다. 커피 첫 모금을 머금었을 때 혀끝에서 단맛이 강하게 느껴지며 코스타리카 커피의 특징적인 맛이다.
⑤ Mild(부드러운 단맛) : 단맛이 변하여 느껴지는 맛으로 짠맛이 소량 첨가되어 단맛이 강하게 느껴진다. 주로 혀끝에서 산뜻하게 느껴지며 식으면 정상적인 단맛이 된다.
⑥ Delicate(짧은 단맛) : 혀끝에서 느껴지나 곧 사라져 단맛이 짧으며 식으면 정상적으로 변한다.
⑦ Soft(약한) : 특징적인 맛이 없으며 건조하다.
⑧ Neutral(밋밋) : 뚜렷한 맛이 없으며 무기질 성분이 많아 건조한 느낌이다.
⑨ Rough(거친) : 자극적이고 거칠게 남는 맛이다.
⑩ Astringent(떫은) : 혀 점막이 수축되어 덜 익은 감을 먹은 것 같은 떫은 맛이다.
⑪ Acrid(강한 신맛) : 브라질 리오커피의 특징적인 맛으로 쏘는 강한 신맛이다. 기분 나쁘게 찌르는 듯이 날카롭고 쓴맛이 느껴지기노 한다.
⑫ Hard(쏘는 신맛) : 과육이 상하면 당이 산으로 변하게 되는데 이 때 나오는 자극적이고 쏘는 신맛이다.

◎ 커피의 다양한 산미

커피에는 다양한 유기산이 존재하는데 이 유기산을 제대로 알아야 커피의 맛을 이해할 수 있다.

1. 구연산 CITRIC ACID

시트르산이라고도 하는 구연산은 감귤류 과일에서 주로 발견되는 약한 유기산이다. 주로 식물이 광합성 작용을 통해 당을 만들어내는데 구연산은 당에서 생성된다. 물에 잘 녹으며 감귤류 과일 중 레몬, 라임에 특히 많이 함유되어 있다. 커피에서의 구연산은 주요 산 중의 하나로 강하게 로스팅 할 시 50% 이상 감소한다. 레몬, 오렌지, 메론, 캔디 같은 맛을 내며 아프리카 커피에서 주로 느낄 수 있다.

2. 사과산 MALIC ACID

사과산은 자극적인 신맛을 내는 음식에 다량 함유되어 있는 유기화합물로 덜 익은 사과 산미의 원인이며 포도에도 함유되어 있다. 구연산에 비해 산도가 강하고 우아하고 세련된 고급 산미로 분류되고 산미의 지속성이 길다. 높은 고도에서 자라는 커피는 큰 일교차에 노출되어 생장속도가 현저히 느려지게 된다. 온도가 낮아져 생장이 멈추는 때에 영양분 공급을 위해 구연산이 다른 산으로 전환되는데 대표적인 것이 사과산이다. 커피에 기분 좋은 세련된 상큼함을 주며 균형감을 좋게 한다. 생두 자체에 포함되어 있는 산 중에 하나로 로스팅을 거치면서 점점 감소한다.

3. 인산 PHOSPHORIC ACID

주로 콜라와 같이 청량 음료에서 많이 사용되는 산으로 톡 쏘는 신맛이 있으며 소량으로도 강한 맛을 내 대량 생산 시 많이 사용한다. 커피의 단맛과 생동감을 증가시켜 주며 강도를 높여주는 역할을 한다. 주로 케냐와 같은 동아프리카 커피에 많이 함유되어 있다.

4. 초산 ACETIC ACID

아세트산이라고도 하는 초산은 식초의 주 성분이다. 상온에서는 무색이며 자극성 강한 냄새를 가지고 있다. 자연적으로 생두 내의 탄수화물이 분해될 때 소량 생성되며, 수세식 가공과정 중 발효 탱크 안에서 오랫동안 머물게 되거나 체리째 건조시킬 때 과하게 발효되어 생성된다. 소량일 때는 과일과 같이 상큼하고 기분 좋은 산미를 내며 조금 많아지면 와인 같은 묵직한 산미나 약하게 발효된 과일 맛이 난다. 다만 과도하게 많아지면 시큼한 맛을 내 품질이 떨어지고 심할 경우 소독약 냄새가 나기도 한다.

5. 젖산 LACTIC ACID

젖산은 유산(Milk acid)이라고 하며 주로 요거트, 치즈 등과 같이 발효된 유제품에서 주로 발견된다. 커피의 2차 발효과정에서 생성되며 묵직하고 부드러운 버터의 느낌이 난다.

CHAPTER 5 ››

커피 향미의 변질

커피는 나무에 맺힌 열매가 숙성되는 과정에서부터 한 잔의 커피로 추출되기까지 각 단계에서 다양한 향과 맛의 변화가 일어난다. 열매가 숙성되면서 독특한 커피 향미를 구성하는 유기물질들이 생성되는데 감미롭고 풍부한 긍정적인 향미뿐만 아니라 불쾌한 향미가 생성되기도 한다.

향과 맛의 결점이 생성되는 원인은 내부에서 어떤 물질이 변질되어 생기기도 하고 외부의 물질을 생두의 지방성분이 흡수하여 변질되기도 한다. 커피에 가벼운 향 변화만 일으키는 결점을 테인트(Taint)로 분류하고 맛까지 변질되게 만드는 강한 결점을 폴트(Fault)라고 한다.

향미 결점의 요인

외부 환경에 따라 생두의 지방이나 산이 변질되어 나타나는 대표적인 결점이다. 열매를 수확, 가공하는 중에 과 발효되어 효소가 생두의 성분을 분해하면 시큼하거나 소독약, 요오드, 고무 등의 산패된 향미가 난다. 또한 가공과정이나 보관과정에서 고온에 오래 노출될 경우 생두의 지방성분이 분해되고 산화되어 우유, 기름, 가죽, 누린내 등을 유발한다. 그 외에도 커피열매가 재배 중 제대로 숙성되지 못했거나 생두가 오래된 경우 내부의 유기물질이 소실되어 생성되는 결점이 있다. 주로 지푸라기, 건초, 젖은 종이, 나무 등의 향미가 나타난다.

로스팅 중 열량이나 시간이 부족하거나 너무 과할 경우 제대로 로스팅이 되지 않아 생성되는 결점이다. 약하게 로스팅 되면 곡물냄새, 누린내, 산패취 등의 불쾌한 냄새가 나며 과하게 로스팅 시 숯 같은 탄 냄새가 주를 이룬다. 또한 약한 불에서 오랫동안 로스팅 하는 경우 커피 향미가 소실되어 특성이 약하거나 없어지기도 한다.

커피 내의 지방성분이 주변환경의 유기물질을 흡수하면서 맛 또는 향이 변질된다. 곰팡이, 콘크리트, 효모, 축사냄새, 완두콩, 흙 냄새 등이 나며 이는 대부분 가공 및 보관환경에 따라 크게 달라진다.

CHAPTER 6 >>

커피품질평가 기준, 커핑

커핑(Cupping)은 커피의 맛과 향의 특성을 객관적으로 평가하는 과정이다. 커핑의 방법을 체계적으로 통일화하고 커퍼(Cupper: 커핑을 하는 사람)의 후각, 미각, 촉감 등 다양한 감각을 통해서 커피를 평가한다.

◎ 커핑의 조건

1. 원두 | 커핑은 생두가 가지고 있는 좋은 맛뿐만 아니라 결점까지도 그대로 보여야 하기 때문에 일반 제품용 로스팅 보다는 약하게 하는 것이 특징이다. 로스팅은 8~12분 이내에 끝내고 색도값(Agtron) #55±1(Whole bean: 분쇄하지 않은 상태)과 #60±1(Ground: 분쇄한 커피)이 되어야 한다. 로스팅 후에는 최소 8시간 정도 지나야 하며 냉장이나 냉동이 아닌 상온에서 밀봉하여 어두운 곳에 보관한다.

2. 물 | 커핑에 사용하는 물은 깨끗하고 냄새가 없어야 하며 총 용존 고형분(TDS: Total Dissolved Solids)은 125~175ppm 정도가 적당하다.

3. 커핑컵 | 컵은 냄새가 배지 않는 유리나 사기 재질이 좋으며 두께가 적당히 있어야 샘플 온도가 급격히 식는 것을 방지한다. 컵은 약 150~180ml의 양이 되어야 하며 테스트에 사용하는 컵은 모두 동일한 컵을 사용해야 한다.

4. 커핑스푼 | 커핑스푼은 4~5ml의 커피가 담길 정도로 움푹해야 하며 열 분산이 잘 되도록 은 재질이 좋다.

5. 분쇄도 | 미국 표준체 사이즈(US Standard size)의 #20번(850㎛) 체에 분쇄된 커피가루가 70~75% 통과하는 정도가 적당한 분쇄도이다. 이는 추출했을 때 추출 수율이 18~22%가 되도록 하기 위함이다.

6. 추출비율 | 물과 커피의 비율은 150ml 당 8.25g이다. 이는 추출 후 가용성 성분의 농도가 1.1~1.3%가 되기 위함이다.

◎ 커핑 프로세스 및 평가

SCAA에서는 스페셜티 커피 평가를 위한 일련의 양식을 사용한다. 커피의 향과 맛, 무게감 등을 세분화하여 평가하며 객관적인 수치로 정량화한다. 10가지 항목으로 평가하며 총 100점 만점으로 각 항목은 10점 만점 기준이다.

* SCAA 커핑 양식

● 출처: www.scaa.org

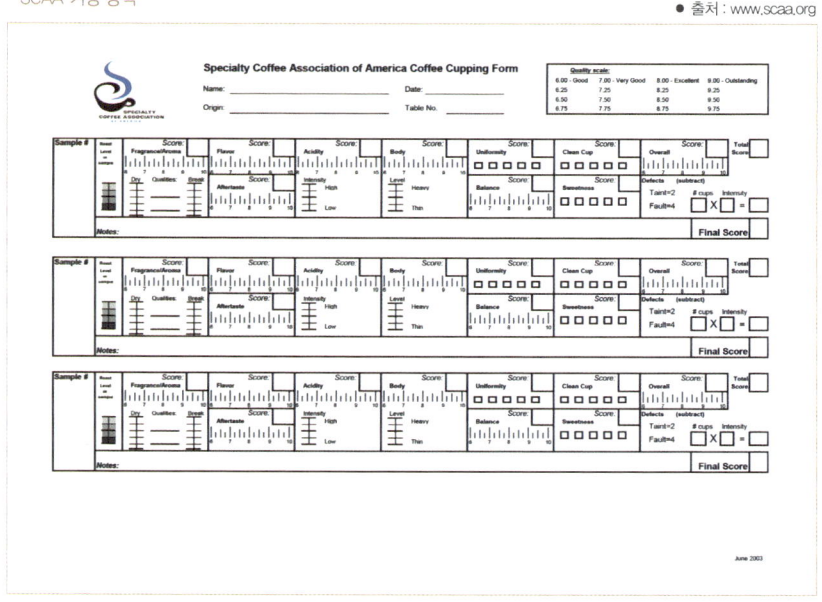

1. Fragrance/Aroma: 커피의 향

커피를 평가하는 가장 첫 단계는 바로 커피 원두를 분쇄하면서부터이다. 분쇄하고 물에 적시는 단계에서 발생되는 향을 맡아 커피의 특성을 파악한다. 건조 상태의 분쇄된 커피 향과 물에 적신 이후의 증기 상태의 커피 향을 맡는다.

① Fragrance: 분쇄된 커피의 향

분쇄한 이후 커피가루에서 빠져 나오는 가스형태의 향기성분을 맡아 커피가 어떤 특성과 경향을 가지고 있는지 평가하는 것으로 드라이 아로마(Dry Aroma)라고 하기도 한다. 휘발성이 강하므로 파악하기 쉽지만

그만큼 소실되기도 쉽다. 그러므로 테스트하기 직전에 분쇄하고 최대한 빠른 시간 내에 커피의 향을 파악하는 것이 중요하다.

② 물 붓기

끓인 물을 90~96℃ 정도로 식혀 커피가루에 직접 붓는다. 커핑은 침출방식으로 추출하여 커피의 가장 고유한 맛과 향을 느낄 수 있다. 커피가루에 물을 부을 때 적당한 난류(Turbulence)를 주어 커피가루가 고루 젖어 성분이 잘 추출될 수 있도록 한다.

③ Aroma: 증기상태의 커피 향

물을 부으면 물과 커피가 만나 커피 조직이 부풀어 오르면서 커피 성분이 추출된다. 추출되는 3~4분 동안 표면에 떠 있는 커피 가루 층에서 올라오는 증기의 향을 평가하는 것으로 웨트아로마(Wet Aroma)라고 부른다.

④ Breaking: 커피가루 깨뜨리기

물을 부은 지 4분 정도 지나면 표면에 떠 있는 커피가루와 거품 층을 커핑스푼으로 깨뜨리면서 그 사이에서 올라오는 향을 평가한다. 스푼으로 가라앉아 있는 커피 찌꺼기까지 뒤집거나 너무 많이 깨뜨리지 않도록 유의한다.

⑤ Skimming: 커피 찌꺼기 걷어내기

커피 위에 떠 있는 거품과 찌꺼기는 맛을 평가할 때 입안에 텁텁하게 남아 정확한 평가가 어렵게 만들기 때문에 Breaking이 끝나고 부유층을 깨끗하게 걷어낸다.

2. Flavor: 입안에서 느껴지는 맛과 향

커피가 약 70℃ 정도로 식으면 소리를 내어 공기와 같이 빠른 속도로 흡입(Slurping)한다. 이렇게 흡입하면 커피가 혀 전반에 고루 퍼지게 되는데 이를 통해서 커피가 가지고 있는 다양한 맛들을 균형 있게 느낄 수 있다. 또한 공기와 같이 빠른 속도로 흡입하면 액체 상태에 있는 유기 화합물들이 일부 기화되어 마시는 동안 후각점막에 도달해 향을 더욱 쉽게 느낄 수 있다. 이 단계에서 느껴지는 맛과 향을 플레이버(Flavor)라고 한다.

3. Aftertaste: 마시고 난 후 느껴지는 맛과 향

우리는 커피를 삼키고 난 후 입안에 남아있는 잔여물에서 휘발성이 약한 유기화합물들이 내는 맛과 향을 음미한다. 이 유기 화합물들은 분자구조가 무거워 휘발성이 약해 커피를 다 마시고 난 이후에도 계속 입안에 머물러 다양한 맛과 향을 느낄 수 있게 하여 커피의 새로운 이미지를 형성한다.

4. Acidity: 산미

커피가 가지고 있는 산미를 평가한다. 커피는 생장하는 단계나 가공 중 발효과정을 통해 다양한 유기산과 무기산들을 생성한다. 이러한 산들은 커피에 다양한 맛을 부여하고 그 커피의 개성을 형성하기도 한다. 우선 커피 산미의 강도를 파악한 후 이 산미가 좋은 품질의 산미인지, 아니면 식초 같은 시큼하고 자극적인 저품질의 산미인지를 파악하는 것이 중요하다. 좋은 품질의 산미는 상큼한 과일을 먹었을 때처럼 입안에 침이 고이게 하거나 식욕을 돋우는 역할을 하지만 저 품질의 산미는 기분 나쁜 느낌을 주어 커피를 더 이상 마시기 어렵게 하기 때문이다.

5. Body: 커피의 촉감, 질감 그리고 무게감

커피를 한 입 머금었을 때 그 커피만의 독특한 질감을 느낄 수 있다. 어떤 커피들은 물을 마시는 것처럼 가볍기도 하고 어떤 경우에는 버터를 한 입 베어 문 것처럼 매끄럽고 기름진 느낌을, 또 어떤 경우에는 생크림을 가득 머금고 있는 것처럼 묵직하게 느껴지기도 한다. 이 느낌이 바로 바디(Body)이다. 바디는 커피가 가지고 있는 섬유질, 단백질, 지방성분에 의해 달라진다. 다른 커피와의 비교를 통해 바디의 강도와 품질을 정확하게 파악하여 각 커피마다의 특징을 가려내는 것이 중요하다.

6. Balance: 조화로움, 균형감

커피의 다양한 맛과 향, 그리고 촉감이 얼마나 서로 어우러져 있는지를 평가한다. 어느 한 가지 맛만 강해지면 자극적인 느낌을 받아 전체적으로 균형감을 잃어버리게 된다. 밸런스가 좋으면 산미가 강하더라도 커피를 마셨을 때 목에 걸리는 느낌이 없이 둥글둥글하여 부드러운 목 넘김을 느끼게 한다.

7. Uniformity: 커피 간의 동일성

커핑은 같은 샘플의 커피를 최대 5컵을 준비하여 평가하는데 이는 커피의 동일성을 파악하기 위함이다. 평가하는 모든 컵의 커피에서 유사한 향과 맛을 느껴야 균일하고 잘 선별, 가공된 커피라고 할 수 있다.

8. Clean Cup: 커피 내 결점의 여부

커피의 깔끔한 정도를 파악하는 것으로 커피 내에 결점이 있는지를 파악한다. 커피를 처음 머금었을 때부터 뱉어내고 난 이후까지의 부정적인 요소를 확인한다.

9. Sweetness: 단맛

커피에 단맛이 어느 정도 있는지를 평가한다. 단맛은 커피의 자극적인 맛을 부드럽게 해주며 전체적으로 밝은 느낌을 준다. 이러한 단맛이 부족한 경우에는 커피의 개성이 없거나 풋내가 나고 상큼한 맛이 아닌 시큼한 산미가 두드러진다.

10. Overall: 개인적인 의견

오버롤은 다른 말로 커퍼스 포인트(Cupper's Point)라고 하며 평가를 하는 사람의 개인적인 의견을 의미한다. 향, 산미, 바디 등 다른 항목들은 최대한 객관적으로 평가하고 오버롤에서 개인적으로 이 커피에 대한 느낌을 주관적으로 평가하여 가산점을 줄 수 있다.

11. Total Score: 합산점수

10가지 항목의 각 점수를 합산한 점수이다.

12. Defect: 결점점수

샘플에서 결점이 발견되었을 경우 그 결점의 정도에 따라 다시 감점을 한다. 결점의 정도가 약할 경우는 Taint로 분류하여 각 컵당 2점씩 감점하고, 맛에 영향을 미칠 정도로 강한 결점은 Fault로 분류하여 각 컵당 4점씩 감점한다.

13. Final Score: 최종 점수

Total Score – Defect의 점수가 최종 점수가 된다. 결점이 없어 감점되는 요소가 없으면 합산점수가 곧 최종점수이다.

Specialty의 기준

SCAA에서는 외관에서부터 맛과 향에 이르기까지 다양한 방법으로 생두와 원두를 평가한다. 다음의 각 평가 항목을 모두 통과해야 비로소 스페셜티라는 명칭을 부여 받을 수 있다.

■ 평가항목에 따른 기준

평가항목	구분	기준	비고
생두외관검사	1차 결점	없어야 함	생두 350g 당
	2차 결점	5점 이하	
	수분량	10 ~ 13%	
원두외관검사	Quaker	없어야 함	원두 100g 당
커핑 점수		80점 이상	

■ 커핑점수에 따른 기준

커핑점수	분류	특징
90 ~ 100점	Specialty Coffee Rare	특별한 향미와 특징을 가지고 있는 스페셜티로 소량 생산됨
85 ~ 89점	Specialty Coffee Origin	품질이 우수하며 원산지의 특징을 잘 살려내고 있는 스페셜티
80 ~ 84점	Specialty Coffee	일반석인 스페셜티

LESSON 03

커피의 변화, 로스팅

우리가 마시는 한 잔의 커피에서 느껴지는
꽃, 과일 등의 다양한 향미를 발현하기 위해서는
생두에 열을 가해 내, 외부적인 변화를 주는
로스팅을 거쳐야 한다.

CHAPTER 1 ››

생두

우리가 마시는 커피 한 잔에는 견과류, 꽃, 과일 등 다양하고 풍부한 향미들이 존재한다. 하지만 생두상태에서는 커피의 향미가 전혀 연상되지 않을 정도로 향이 단조롭고 풋내가 난다. 향미를 이끌어내기 위해 열을 이용한 조리과정을 통해 생두 내, 외부적인 변화를 주게 되는데 이를 로스팅(Roasting)이라고 한다.

하지만 단순히 열만 가한다고 항상 동일하게 좋은 맛을 이끌어낼 수 있는 것은 아니다. 커피가 자란 환경, 가공 방법, 품종, 수분량, 밀도 등 생두 상태에 따라 로스팅 화력이나 온도, 시간 등을 조절해야 좋은 결과를 얻을 수 있다. 또한 생두를 수확, 가공한지 얼마나 지났는지에 따라서도 달라지니 로스팅 전에 생두에 대해 정확히 아는 것이 중요하다.

◎ 생두의 구조

주먹을 약간 쥔 상태와 비슷한 생두는 표피, 세포조직, 점액질 그리고 배아로 이루어져 있다. 세포조직은 얇은 벽을 이루고 있는 다공질 다면체 모양이다.

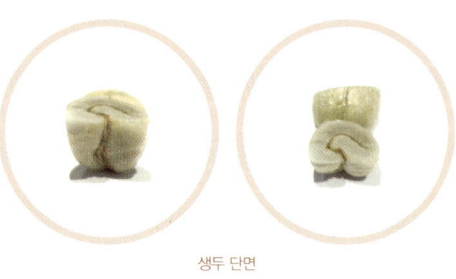

생두 단면

표피의 세포조직은 조밀하고 중심 쪽으로 갈수록 크다. 이런 다른 크기의 세포조직은 로스팅 시 고른 열 전달을 방해하는 요소이기도 하다. 세포조직의 중심에는 길게 형성된 왁스층인 점액질(Mucilage)이 있으며 그 안에는 배아가 자리잡고 있다. 점액질은 배아가 발아될 때 영양분이 되는 펙틴, 당분, 미네랄 등으로 이루어져 있어 로스팅이 고르게 되지 않았을 경우 먼저 타게 되어 색이 주변의 세포조직보다 진하게 변색되기도 한다. 이런 상태가 발견된다면 로스팅 과성을 확인해야 한다.

◎ 생두와 수분

생두는 약 8~12%의 수분을 가지고 있다. 수분은 순수한 물의 형태인 자유수(Free water)와 생두 내 다른 물질과 결합되어 있는 상태인 결합수(Bound water), 그리고 일부 기체형태인 증기로 되어 있다. 열에너지가 지속적으로 투입되면 수분의 상태변화가 일어나는데 수분이 증발되면 분자 결합력이 약해져 부피가 늘어나 압력이 증가한다. 이러한 상태변화로 인해 로스팅 시 원두의 부피 역시 늘어나게 된다. 또한 로스팅이 진행됨에 따라 수분은 최대 1~2%까지 감소한다.

CHAPTER 2 ››

로스팅의 열 전달과정

로스팅은 생두에 열을 가해 물리적, 화학적 변화가 일어나는 과정이다. 열이 전달되는 과정은 크게 전도, 대류, 복사가 있는데 이 세 가지 과정이 복합적으로 일어난다. 이 과정이 생두에 어떻게 전달되느냐에 따라 원두의 품질이 달라진다. 열 전달과정을 이해하여 로스팅의 원리를 파악할 수 있다.

1. 전도 CONDUCTION

열 에너지는 따뜻한 곳에서 차가운 곳으로 이동하는데 온도가 다른 물체들 간 직접 접촉에 의해 일어나는 것이 전도이다. 드럼 로스터기로 로스팅 시 생두가 드럼에 직접 닿을 때뿐만 아니라 온도가 다른 생두끼리 접촉할 때도 전도가 일어난다. 전도율이 물체마다 다르기 때문에 로스터기의 재질과 두께 등을 고려해야 한다.

2. 대류 CONVECTION

기체나 액체와 같은 유체의 밀도나 온도차이에 의해 순환되어 열이 전달되는 과정을 대류라고 한다. 로스팅 시에는 가열된 뜨거운 공기가 생두를 감싸면서 더 빠르게 열이 전달된다. 특히 생두의 온도와 대류의 온도차이가 클 경우 열 전달은 더욱 빠르게 일어난다. 드럼로스터를 가열하여 뜨거워진 공기로 대류가 일어나는 것을 자연대류라고 하며 열풍식 로스터기처럼 송풍장치를 통해 뜨거운 공기를 드럼 안으로 유입시키는 것을 강제대류라고 한다.

3. 복사 RADIATION

뜨거운 난로 옆에 있으면 불에 직접 닿지 않아도 따뜻해지는 것을 느낄 수 있다. 이처럼 뜨거운 물체에서 발생하는 열 파장을 복사라고 한다. 복사열은 파장이기 때문에 다른 물체에 부딪혀 침투하거나 굴절되기도 하면서 주변으로 퍼져 나간다. 또한 열원에서 멀어질수록 복사열의 영향은 점점 작아지거나 없어진다.

CHAPTER 3 ››

로스팅 프로세스

로스팅이 진행되는 동안 일어나는 단계를 크게 생두 내 수분이 증발하는 건조단계와 다양한 열분해가 일어나는 로스팅단계, 그리고 로스팅이 끝난 후 원두를 실온상태로 만드는 냉각단계로 나눌 수 있다.

1. 건조 DRYING PHASE

예열된 로스터기에 생두를 투입하면 전도, 대류, 복사로 인한 열 전달이 이루어지면서 온도평형을 이루기 위해 생두는 드럼 내부의 열을 흡수하게 된다. 이 과정을 흡열반응(endothermic reaction)이라고 하는데 수분이 천천히 증발되고 색과 부피변화가 일어난다. 초기에는 열 전달이 되며 생두 표면이 주름이 지나 지속적으로 열을 흡수하면서 매끄럽게 펴진다. 하지만 초기 투입온도가 높을 경우 표면은 심하게 찌그러지는데 이 때는 높은 화력을 유지해야 균형적으로 로스팅이 이루어진다.

건조과정을 통해 생두의 수분은 약 3~4% 정도 감소하고 표면의 실버스킨은 벗겨지기 시작한다. 또한 색이 녹색에서 노란색(yellowish)로 변해가며 곡물, 구운 빵, 팝콘 같은 향이 난다.

2. 로스팅 ROASTING PHASE

실질적으로 로스팅이 진행되는 이 단계에서는 생두의 내, 외부적으로 많은 변화가 일어난다.

지속적인 열 전달이 이루어지면서 수분이 증발되고 가스가 축적되어 생두 내부 압력이 높아진다. 생두의 세포벽이 압력을 견디지 못하고 깨지면서 수분과 이산화탄소 등 내부 물질의 빙출이 일어나는데 이 과정을 1차 파핑(popping)이라고 부른다. 주로 연약한 부분인 센터컷 안쪽부터 깨지면서 소리가 나며 생두가 신선하거나 단단할수록 더욱 명확하고 크게 들린다. 이후 휘발성 화합물이 지속적으로 생성되고 210도 정도에서 다시 축적된 가스에 의해 두 번째 파핑이 시작한다. 로스팅이 진행될수록 원두는 점점 진한 갈색으로 변하고 내부 수분은 5% 이하로 감소하면서 더욱 부서지기 쉬운 상태가 된다. 또한 오일이 원두 표면으로 밀려나와 번들거리기 시작하고 오일의 연소로 인해 짙은 색의 연기가 나며 자극적이고 쓴 냄새로 바뀐다.

3. 냉각 COOLING PHASE

로스팅이 끝난 원두는 단시간에 많은 양의 차가운 공기를 주입하여 빠르게 냉각하는 것이 중요하다. 냉각이 지연될 수록 원두 내부의 잔열로 인해 로스팅이 계속해서 진행되어 원하는 단계가 되지 않을 가능성이 있으며 향미 감소의 원인이 되기도 한다. 로스터기의 용량이 커서 공기로 냉각이 어려운 경우에는 물을 원두에 분사하여 수분을 증발시키면서 순간 원두의 온도를 떨어뜨려 주기도 한다.

CHAPTER 4 >>

로스팅시의 변화

로스팅이 진행되는 동안 생두는 많은 변화를 겪으며 다양한 향과 맛이 생성된다. 아직 모든 변화과정이 모두 완벽하게 밝혀지진 않았지만 수십 년 동안 광범위한 연구가 진행되었다. 이 연구결과를 바탕으로 로스팅 프로세스를 이해한다면 더 완벽한 커피를 생산할 수 있지 않을까?

◎ **물리적 변화**

육안으로도 확인할 수 있을 정도로 생두의 외관은 많은 변화가 일어난다. 생두의 가공처리 방식, 품종 등에 따라 조금씩 차이가 있지만 고산지대에서 생산된 생두는 저지대보다 훨씬 단단하고 청 푸른색을 띠고 있다. 로스팅이 진행되면서 점점 밝은 노란색, 시나몬색, 진한 갈색, 어두운 갈색 순으로 색이 변한다.

■ 로스팅에 따른 색 변화

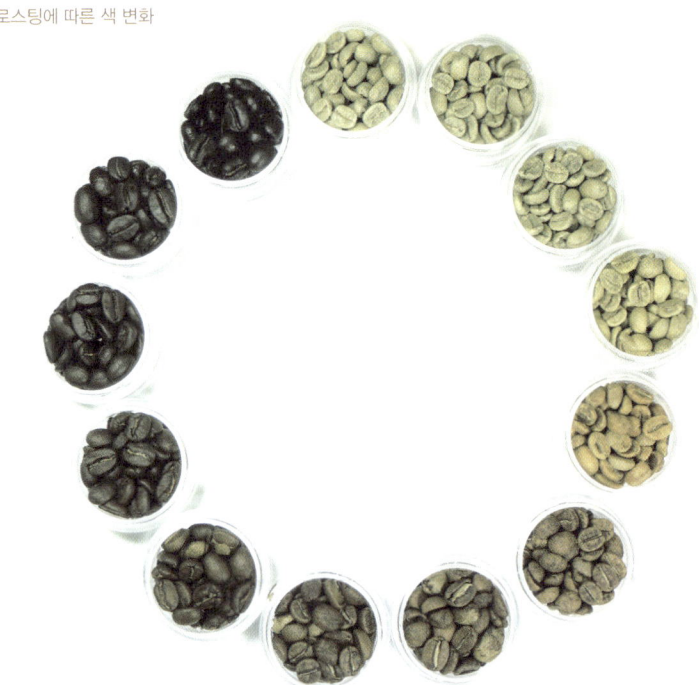

로스터기에 생두를 투입하고 수분이 어느 정도 증발된 후 130℃ 가량 되었을 때 밝은 노란색으로 변한다(온도는 로스터기의 종류에 따라 온도의 편차가 있을 수 있다). 이후 갈변작용을 통해 점점 어두운 색으로 변하는데 이러한 특성 때문에 색으로 로스팅 정도를 파악하기도 한다.

하지만 단시간에 고 열량으로 로스팅 하는 경우 고르게 익지 않아 생두 표면과 내부 색의 차이가 많이 나기도 한다. 또한 베이크(Baked)와 같이 약한 불에 약 20분 정도 오랫동안 로스팅하는 경우 색은 기준에 적합하더라도 향미가 손실되어 무미 건조한 맛과 향을 내기도 한다. 그렇기 때문에 색은 하나의 지표일 뿐 로스팅 적합 정도를 모두 나타내는 것은 아니다.

■ 로스팅 정도에 따른 부피와 색 변화

생두   1차 파핑시   2차 파핑 후

로스팅이 진행되는 동안 생두는 열을 흡수하면서 내부의 수분이 증발되고 휘발성 가스가 생성된다. 내부 압력이 높아져 생두는 점점 부풀어 오른다. 또한 부피 증가로 생두 표면에 붙어 있던 실버스킨은 분리되고 크랙이 일어나면서 생성되었던 가스가 방출된다. 그로 인해 생두의 부피는 약 80~85% 증가하고, 무게는 약 15~20% 가량 감소한다. 로스팅이 지속될수록 수분은 계속 증발하여 로스팅이 끝나면 약 0.5~3.5%의 수분만 남게 된다. 그래서 강하게 로스팅 된 원두는 약한 로스팅보다 더욱 바삭하고 부서지기 쉬운 상태가 된다.

생두에는 약 14% 정도의 지방질을 함유하고 있는데 세포 내 골고루 액체상태로 분포되어 있다. 로스팅이 오래 지속되거나 높은 온도에서 볶는 경우 내부 압력이 형성되면서 원두 표면으로 밀려나오게 된다. 처음에는 미세하게 반짝거리다가 양이 많아질 수록 원두 표면 전체가 번들거린다. 이렇게 오일이 표면으로 나오게 되면 산소와의 직접 접촉으로 산패가 빨리 이루어져 보관기간이 짧아진다.

◎ 화학적 변화

한 잔의 커피에는 약 1,000여 가지의 향미를 가지고 있다. 이 중 대부분은 휘발성 향미 화합물로 로스팅 과정을 통해 생성되나 전체 양은 원두의 0.1%에 불과하다. 아주 적은 양으로도 우리는 꽃, 과일, 견과류 등 다양한 향을 느낄 수 있는 것이다.

로스팅 후 눈에 띠는 가장 큰 변화는 바로 색이다. 생두의 절반은 다당류, 설탕 등의 탄수화물로 이루어져 있는데 로스팅 동안 당이 열을 흡수하면서 점점 어두워진다. 이것을 갈변화 과정이라고 하는데 당이 열을 흡수하면서 갈색으로 변하는 카라멜화(Caramellize)와 당과 아미노산이 반응하는 메일라드 반응(Maillard Reaction)이 있다. 갈변화가 진행되면 단 향이 생성되며 로스팅이 강하게 진행될 수록 단 맛은 줄어들고 쓴 맛이 증가하게 된다.

커피의 특색인 산미에 영향을 주는 산은 로스팅 초반에 생성된다. 주로 구연산(Citric acid), 초산(Acetic acid), 사과산(Malic acid)과 같은 유기산에서 비롯되는데 이 또한 로스팅 후반으로 갈수록 다시 분해되어 산미는 줄어든다.

카페인은 로스팅 중에 일부는 승화하나 큰 변화가 일어나지 않는 안정적인 물질이다. 강하게 로스팅할 수록 카페인은 감소되지만 수율이 좋아져 추출한 커피에는 오히려 카페인이 더 많이 검출되기도 한다. 그에 반해 클로로제닉산은 로스팅 중에 가수분해가 일어나 퀸산과 카페인산으로 분해된다. 분해가 제대로 일어나지 않을 경우 떫은맛이 나기도 하고 로스팅이 오래 지날수록 쓴맛이 난다.

■ 생두와 원두의 성분 비교

성분		생두	원두
탄수화물	다당류	45.4	37.1
	설탕	7.3	0.0
	기타 당	1.0	0.3
지방	지방	14.8	16.6
	지방산	1.0	1.6
단백질	단백질	8.9	7.3
	아미노산	0.5	0.0
	카페인	1.1	1.3
	트리고넬린	0.9	1.0
기타	클로로젠산	5.9	2.4
	퀸산	0.4	0.8
	수분	9.1	2.4
	미네랄	3.8	4.4
	휘발성 아로마	0.0	0.1
	카라멜화 물질	0.0	24.8
합계		100.0	100.0

● 출처: The coffee Cupper's Handbook, SCAA

LESSON 04

커피 추출의 이해

브루잉(Brewing)이란 커피를 추출하는 행위를 뜻하며
커피의 수용 성분이 물에 녹아 나오는 과정을 말한다.
커피의 성분 중 30% 정도가 물에 녹는 가용성분이며 균형 잡힌
골든 컵(Golden Cup)을 얻기 위해서는
용해되는 성분의 최대치가 아닌 적정량을 추출해야 한다.
이러한 커피의 성분들은 각자가 가진 성질에 따라
다르게 추출되므로 다양한 추출변수에 대하여 알아보고
알맞은 비율을 찾을 수 있어야 한다.

CHAPTER 1 ››

브루잉의 6가지 필수 요소 Essential of good brewing

유럽스페셜티커피협회 (SCAE: Specialty Coffee Association of Europe)에서 골든 컵을 위해 제시하는 브루잉 6가지 필수 요소이다. 이 요소들을 통해서 적정 수율을 찾아보자.

1. 추출비율 RATIO

추출비율은 물과 커피의 비율을 말하며 이는 브루잉컨트롤차트(Brewing Control Chart)와 밀접한 관계가 있다. 맛있는 커피를 내리기 위한 이상적인 커피 양과 물 양의 비율은 커피의 가용성분이 물에 접촉하여 얼마만큼의 농도와 수율로 추출할 것인가로 결정된다.

> **TIP** 농도(濃度, Concentration)와 수율(收率, Yield)

기체나 액체의 진하고 묽은 정도를 나타내는 것으로 커피가 진하고 연한 정도를 말한다. 농도는 한 잔의 커피 내 녹아있는 고형성분의 양을 측정하며 주로 액체의 고형성분을 측정하는 TDS(Total Dissolved Solids) 측정기를 사용한다. 농도는 수율의 영향을 받으며 이상적인 농도는 1~1.5%이나 대륙별로 조금 다르게 평가한다.

※ 커피를 연하게 많이 마시는 미국(SCAA)의 경우 1.15~1.35%, 진하게 마시는 유럽(SCAE)의 경우 1.2~1.45%의 농도를 선호하며, 1인당 커피 소비가 가장 많은 북유럽의 경우 1.3~1.55% 농도를 선호한다.

투입량 대비 완성품의 비율을 나타내는 것으로 사용한 커피 중 녹아 나온 성분의 양을 말한다. 커피추출액 중 수용성성분/원두량의 백분율로 표시한다. 추출 수율은 18~22% 사이일 때 가장 이상적이라고 평가한다.

추출 수율이 16% 미만의 경우 과소 추출되어 향미가 적고 신맛이 강한 커피가 추출되며, 24% 이상의 경우 과다 추출되어 쓴맛과 잡미가 많이 느껴진다.

2. 분쇄도 GRIND

커피의 입자크기를 말하며 추출방법과 기구에 따라 그 굵기를 조절한다. 분쇄입자의 크기에 따라 물에 닿는 표면적이 달라지는데 가늘게 분쇄할수록 물과 커피가 닿는 표면적이 넓어져 수율 달성율이 빨라진다. 커피의 표준 분쇄 입도는 굵은 입도(Regular grind) 1.13mm, 중간 입도(Drip grind) 0.80mm, 가는 입도(Fine grind) 0.68mm 이다. 커피의 입도에 따라서 너무 굵으면 과소 추출되어 풋내가 나고, 너무 가늘면 과다 추출되어 쓴맛이 난다.

3. 추출의 3T TIME, TEMPERATURE, TURBULENCE

① 시간(Time) | 커피와 물이 접촉하는 시간은 커피의 품질을 결정하는 중요한 요소이다. 추출시간은 농도뿐 아니라 향미의 균형에도 큰 영향을 미친다. 추출시간이 짧으면 약한 농도와 향미가 부족한 커피가 되고 추출시간이 길면 농도가 진하고 쓰며 잡미가 많은 커피가 된다.

드립커피를 추출할 때 두세 차례 나누어 추출하게 되는데 1차 추출에서는 농도가 진하고 기분 좋은 산미가 추출된다. 2차 추출에서는 단맛과 1차에 빠져 나오지 못한 향미성분들이 추출되고 3차 추출에서는 쓴맛과 떫은 맛이 추출된다. 최근에는 수율과 농도의 차이를 이해하지 못하고 진한 커피를 만들기 위해 잡미를 가득 담아내곤 했던 방식들은 지양하고 있는 추세이며, 신맛을 강조하고 잡미나 쓴맛을 줄이는 추출법으로는 커피 양을 많이 사용하여 1차 추출 후 물에 희석하는 방법이 있다.

■ 추출시간에 따른 성분비

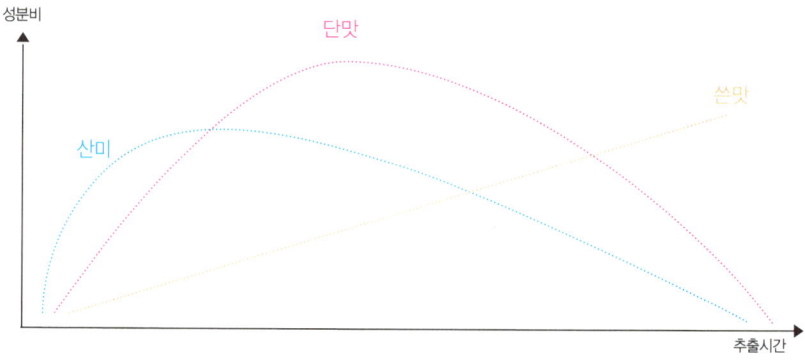

② 온도(Temperature) | 가장 이상적인 물의 온도는 92~96℃이고, 물의 온도 변화가 없이 일정한 온도를 유지하여야 좋은 향미의 커피를 추출할 수 있다. 온도가 기준보다 높은 경우 커피 성분의 분자활성도가 높아져 과다추출이 일어나 쓰고 떫은 맛이 주를 이룬다. 반대로 온도가 낮은 경우는 추출이 원활하게 이루어지지 않아 산미와 향미가 부족해진다.

③ 난류(Turbulence) | 물과 커피가 섞이는 혼합을 의미한다. 즉, 커피가루에 물이 통과하는 과정을 난류라 한다. 가령 프렌치 프레스로 커피를 추출할 때 저어주는 동작이라 할 수 있다. 여과식 추출의 경우 적시는(wetting) 방법을, 침출식 추출은 휘젓는(mixing) 방법을 사용한다.

4. 물의 품질 WATER

커피 한 잔에 녹아있는 커피 고형성분의 양은 약 1~1.5%에 지나지 않는다. 나머지는 모두 물로 이루어져 있다. 그렇기 때문에 커피 추출을 위해서는 물의 품질을 고려해야 한다. 일반적으로 물이 함유하고 있는 미네랄 함량에 따라 물 맛이 달라지는데 이는 커피의 향미에도 많은 영향을 끼친다. 미네랄이 너무 부족할 경우에는 신맛이 도드라지거나 전체적인 향미가 밋밋해지고 너무 과할 경우에는 상대적으로 부정적인 쓴맛과 떫은 맛을 내는 경향이 있다. 그래서 SCAA에서는 커피 추출을 위한 물에 대한 기준을 다음과 같이 규정하고 있다.

● 출처 :SCAA(www.scaa.org) 'Water for Brewing Standards'

구분	기준	허용범위
총염소(Total Chlorine)	0mg/L	
TDS(Total Dissolved Solids)	150mg/L	75~250mg/L
칼슘 경도(Calcium Hardness)	4 grains(68mg/L)	1-5grains(17mg/L~85mg/L)
총알칼리도(Total Alkalinity)	40mg/L	At or near 40mg/L
산도(pH)	7.0	6.5 ~ 7.5
나트륨(Sodium)	10mg/L	At or near 10mg/L

5. 추출방식 METHOD

커피를 추출하는 기구에 따라 커피의 향미 변화는 상당하다. 또한 추출방식에 따라 커피의 분쇄도, 추출 시간, 물의 온도, 혼합 등이 달라진다.

1. 달임식(Decoction)

분쇄된 커피를 직접 물에 넣고 끓이는 방식이다. 주로 터키식 커피와 에디오피아 전통 커피 추출법으로 취향에 따라 향신료를 첨가하기도 한다.

2. 침출식(Steeping)

분쇄된 커피를 물에 일정시간 담근 후 추출 액을 분리하는 방법이다. 커피의 성분을 그대로 걸러내어 커피가 가진 대부분의 맛을 느낄 수 있으나 미분이 완전히 걸러지지 않아 텁텁한 단점이 있다.

3. 여과식(Drip Filteration)

가장 흔히 사용하는 추출방법으로 분쇄된 커피에 물을 통과시켜 중력으로 추출하는 방식이다. 물의 온도, 드리퍼 모양, 필터 재질 등에 따라 다양한 맛을 느낄 수 있다. 핸드 드립, 여과식 더치 등이 있다.

4. 진공식(Vacuum Filteration)

물이 끓을 때 생성되는 수증기로 인해 생기는 진공을 이용한 방식이다. 하부의 물이 끓으면 내부 압이 높아져 물을 상부로 밀어 올린다. 상부에서 커피와 물이 섞여 성분이 추출되고 이후 열원을 제거하면 하부의 온도가 떨어지면서 상부의 커피 추출액을 아래로 끌어내려 추출을 완료한다.

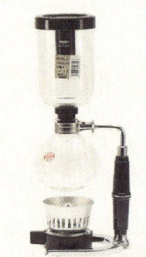

5. 가압식(Pressurized Infusion)

압력을 이용하여 커피의 가용성분뿐 아니라 불용성 지방과 섬유질, 가스를 함께 추출하여 유화층을 만들고 농도가 짙은 커피를 추출한다. 에스프레소 머신, 모카포트 등이 있다.

6. 필터 FILTER

필터는 커피 찌꺼기를 분리하는 여과장치로 그 재질에 따라 커피의 향미에 영향을 미친다. 일반적으로 금속 망으로 된 필터는 반영구적으로 사용 가능하며 커피의 콜로이드 등 여러 지방 성분이 그대로 추출되어 커피의 바디감이 좋아지고 깊은 풍미를 느낄 수 있다. 융과 같은 직물 필터는 미분을 걸러주어 깔끔하지만 지방성분이 추출되어 매끈한 바디를 느낄 수 있다. 종이필터는 사용이 간편하고 가장 미세하게 깔끔한 맛을 낸다.

CHAPTER 2 ››

브루잉 컨트롤 차트 Brewing Control Chart

미국커피연구소(Coffee Brewing Institute)에서 발표한 커피 표준 추출 도표(Brewing Control Chart)로 록하트 박사에 의해 만들어졌다. 이 차트는 절대적인 맛의 기준이라기보다는 선호도를 통계적으로 분석할 수 있다는 의미를 가지고 있다. 일반적인 선호도가 일정 영역보다는 통계적으로 일정 영역에 분포한다는 사실을 이해하고 그에 대한 최적의 수율이 18~22%임을 알 수 있다.

이 브루잉 컨트롤 차트는 커피의 농도와 물의 비율, 추출 수율의 상호관계로 균형 잡힌 추출의 접근을 도와준다.

◎ 브루잉 컨트롤 차트의 측정방법

브루잉 컨트롤 차트의 가로축은 수율, 세로축은 농도 그리고 붉은 색 사선은 사용한 원두량을 나타낸다. 각 차트는 기준 물의 양과 단위에 따라 다르므로 사용하고자 하는 기준을 확인 후 맞는 차트를 선택하여 측정하는 것이 좋다.

1. 커피와 물의 비율

도표를 보면 사선으로 물 1L당 40g, 45g, 50g, 55g, 60g, 65g, 70g 비율임을 나타내고 있다. 가장 최적의 밸런스가 수율 18~22%, 농도 1.15~1.35% 임을 볼 때 최적의 비율은 커피 양이 55g이라는 것을 알 수 있다. 커피 양이 늘어날수록 농도는 빨리 진해지지만 향미는 떨어지는 것을 볼 수 있으며, 커피의 양이 줄어들수록 농도는 연해지고 향미는 지나치게 빠져 나오는 것을 알 수 있다.

2. 커피의 농도

농도는 커피와 물의 비율에 의해 결정되며 수율의 영향을 받는다. 물 1L에 커피 55g을 사용하더라도 적정 수율에 도달하지 못하면 적당한 농도로 추출하기 어렵다. 이는 커피를 추출하는 시간과 관계가 있음을 알 수 있다.

3. 추출수율

추출 수율은 향미와 관계가 있다. 물 1L에 커피 55g을 사용하여 18~22%의 수율로 추출할 경우 좋은 향미의 균형 잡힌 맛을 내지만 과소 추출하게 되면 풋내와 같은 향미가 나며, 과다 추출될 경우 쓴맛과 떫은맛을 내게 된다.

■ 커피 브루잉 컨트롤 차트 　　● 출처 : www.scaa.org

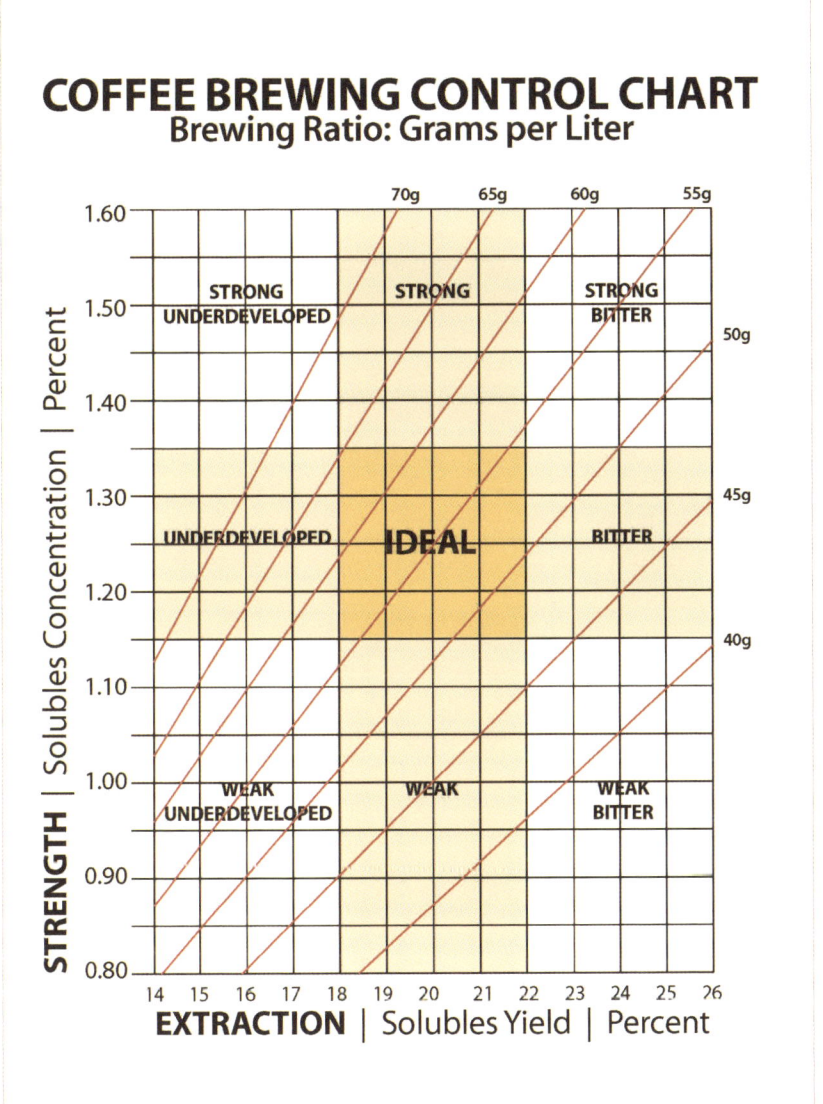

CHAPTER 3 ››

변수에 따른 추출실습

우리는 한 잔의 커피를 만들 때 그 원두가 가진 최대의 향미와 균형 잡힌 맛을 추출하기 위해 노력하고 연구한다. 커피는 다양한 변수에 의해 그 맛이 천차만별로 달라질 수 있기 때문에 변수의 차를 줄이고 안정화된 커피를 추출 할 수 있는 것 또한 바리스타의 능력이다.

커피향미에 영향을 미치는 요인인 조작 변인 시간, 분쇄, 온도, 난류를 통해서 변수를 통제하고 조작하는 방법을 알아보자.

1. 시간

동량의 커피와 동일한 온도의 물을 준비하고 추출 시 각각 시간을 달리하여 맛을 보며 차이를 느낀다.

	변수	외관의 특징	맛과 향의 특징
추출 시간			

2. 분쇄

동량의 커피와 동일한 온도의 물을 준비하고 각각 다른 크기의 입자로 커피를 분쇄한 뒤 가장 맛있다고 느낀 시간으로 측정하여 맛의 차이를 느껴본다.

	변수	외관의 특징	맛과 향의 특징
분쇄 입도			

3. 온도

동량의 커피를 (2)에서 찾은 입도로 분쇄하고 (1)에서 찾은 시간으로 각각 다른 온도의 물을 부어 맛의 차이를 느껴본다.

	변수	외관의 특징	맛과 향의 특징
물 온도			

4. 난류

동량의 커피를 (2)에서 찾은 분쇄도와 (3)에서 찾은 물의 온도, (1)에서 찾은 시간을 조건으로 하여 각각의 컵을 시간마다 횟수를 다르게 정하여 규칙적으로 저어준다.

	변수	외관의 특징	맛과 향의 특징
젓는 횟수			

LESSON 05

나만의 홈메이드 커피

커피가 가진 다양한 향미처럼 커피를 즐길 수 있는 방법은 무수히 많다.
여러가지 커피 추출도구들을 통해 나만을 위한,
나만의 커피를 만들어 볼 수 있다.

CHAPTER 1 ››

다양한 추출 도구 소개

1. 카페 핀 CAFE PHIN

카페 핀은 여과식의 원형으로 베트남에서 쉽게 볼 수 있는 추출 방식이다. 추출 속도가 느린 편이기 때문에 적은 양으로 진한 커피를 추출 할 수 있다.

추출과정

준비물 카페 핀, 분쇄커피 20g, 뜨거운 물 120ml

컵 위에 카페 핀 받침과 드리퍼를 걸쳐둔다.

드리퍼에 커피를 담고 누름망을 사뿐히 올려준다.

뜨거운 물을 조금 부어 뜸을 들인 후 120ml의 물을 가득 붓는다.

추출이 완료될 때까지 기다린 후 드리퍼를 제거한다.

SPECIAL RECIPE 카페 사이공

카페 핀으로 추출한 커피에 연유와 시나몬 스틱을 더하면 달콤하고 향기로운 베트남식 커피를 즐길 수 있다.

2. 터키쉬 커피 TURKISH COFFEE

긴 손잡이가 달린 냄비 형태의 주전자(체즈베)에 가늘게 분쇄된 커피가루를 넣고 물과 설탕 또는 향신료를 넣고 끓이는 방식이다. 커피가루가 약간 남아 텁텁한 느낌이 있으나 강렬한 맛을 느끼기 좋다.

추출과정

준비물 체즈베, 찬물, 분쇄커피 10g, 설탕, 향신료

체즈베에 찬물을 담는다.

곱게 분쇄된 커피를 넣고 기호에 따라 설탕과 향신료를 넣는다.

잘 섞어준다.

불 위에 올려 끓인다.

커피가 끓어 거품이 생기기 시작하면 넘치지 않도록 불에서 내린다.

거품이 가라앉으면 다시 끓인다. 이 과정을 3~4번 반복한다.

커피미분이 가라앉도록 잠시 기다린 후 천천히 잔에 따른다.

※ 단, 오랫동안 과하게 끓이게 되면 넘칠 위험이 있을 뿐 아니라 커피성분이 변하여 나쁜 맛이 생기므로 주의한다.

SPECIAL RECIPE
커피 스파이스

터키쉬 커피를 끓일 때 기호에 따라 아니스, 계피 등의 향신료와 설탕을 함께 넣어 끓이면 더욱 향긋한 커피를 즐길 수 있다.

3. 프렌치 프레스 FRENCH PRESS

1930년대 개발된 프렌치프레스는 용기에 거름망이 달린 뚜껑이 하나로 되어있는 커피 추출도구이다. 커피를 우려낸 후 찌꺼기만 걸러내기 때문에 프렌치프레스는 커피의 모든 맛과 향을 진하고 풍부하게 즐길 수 있다. 특히 커피의 향미와 오일 성분이 그대로 추출되어 바디감이 강한 커피를 만들 수 있는 장점이 있다. 오래 추출할 경우 성분이 과다 추출되어 잡미가 느껴질 수 있으니 유의한다

추출과정

준비물 프렌치프레스, 분쇄커피 15g, 뜨거운 물 230ml

뜨거운 물을 부어 프렌치프레스를 예열한다.

예열된 물은 버리고 분쇄된 커피를 15g을 넣는다.

뜨거운 물을 230ml 담는다.

스틱으로 잘 저어 준 후 3~4분 정도 우려낸다.

플런저를 천천히 눌러 찌꺼기를 분리한다. 이때 세게 누르면 찌꺼기가 역류할 가능성이 있으니 부드럽게 누른다.

천천히 잔에 따른다.

※ 세척법

프렌치프레스 사용 후에는 윗망, 필터망, 하단 거치대를 모두 분리하여 세척, 건조시켜야 깨끗하고 오래 사용할 수 있다.

SPECIAL RECIPE

커피 소다

얼음과 탄산수를 준비하여 프렌치프레스로 내린 커피를 부어 커피 소다를 만들어보자. 탄산수에 커피를 넣으면 보다 청량감 있는 커피를 즐길 수 있다.

4. 클레버 CLEVER

프렌치프레스와 핸드드립의 만남. 커피를 우려내는 방식은 프렌치프레스와 같으나 추출방법은 핸드드립과 같이 필터를 장착하고 서버 위에서 추출하는 형태이다. 클레버에는 차단 장치가 있어서 컵이나 서버 위에 올려놓아야만 추출물이 내려온다. 깔끔하고 가볍게 즐기기에 좋을 뿐 아니라 핸드드립이 귀찮을 때 드립 초보자들에게 이상적인 기구이다.

추출과정

준비물 클레버, 종이필터, 분쇄커피 20g, 뜨거운 물 250ml

1. 클레버에 필터를 끼우고 뜨거운 물을 부어 필터를 적신 후 물을 빼준다.

2. 핸드드립용 굵기로 분쇄한 커피를 넣는다.

3. 커피가 젖을 정도의 물을 부어 뜸을 들인다.

4. 나머지 물을 부어 준다.

5. 스틱으로 잘 저어 준 후 약 2분 30초~3분 정도 우려낸다.

6. 클레버를 서버나 컵 위에 올려 놓고 커피를 추출한다.

SPECIAL RECIPE 깔루아 커피

깔루아 리큐르 1oz에 설탕 10g을 넣고 설탕이 녹을 때까지 끓여 준다. 끓인 리큐르에 클레버로 추출한 커피를 담고 위에 식물성 휘핑크림을 올리고 커피콩으로 장식한다.

5. 에어로프레스 AEROPRESS

1984년 설립한 에어로비(Aerobie)라는 스포츠 토이 용품을 제조하는 회사에서 제작한 에어로프레스는 쉽고 빠르게 커피를 즐길 수 있도록 개발되었다. 주사기와 같은 공기압 추출 방식으로 빠르고 간단하게 추출하여 풍부한 향과 깔끔한 맛을 즐길 수 있다. 청소 관리 또한 간편해 야외에서 사용하기 좋다.

추출과정

준비물 에어로프레스, 분쇄커피 20g, 뜨거운 물 240ml

1. 필터캡에 마이크로 필터 한 장을 끼운다.

2. 챔버에 필터캡을 장착한다.

3. 챔버에 깔대기를 끼우고 분쇄한 원두를 넣는다.

4. 약 90~95℃의 물을 넣고 잘 저어준다.

5. 플런저를 챔버에 끼우고 20초간 찬찬히 눌러서 커피를 추출한다.

6. 추출된 커피는 농도에 따라 물을 희석하여 마신다.

SPECIAL RECIPE

샤케라또

쉐이커에 얼음 5~6개 넣고 우유와 추출한 커피를 넣고 흔들어 잔에 따라낸다.

※ 세척법
① 추출이 완료된 에어로프레스의 필터캡을 연다.
② 플런저를 그대로 끝까지 누르면 커피 찌꺼기가 분리된다.
  플런저의 고무씰과 챔버, 플런저를 부드러운 스펀지로 닦는다.

6. 모카포트 MOKA POT

알폰소 비알레띠에 의해 탄생해 이탈리아에서 많이 사용하는 가정용 에스프레소 추출기구로 알루미늄으로 만들어져 가볍고 온도 전이가 빠른 것이 특징이다. 하부에 물이 끓으면서 생기는 증기압으로 물이 위쪽으로 올라오면서 커피가 추출되는 방식이다.

추출과정

준비물 모카포트, 분쇄커피 10g, 찬물, 스토브

1. 하부 보일러에 물을 안전밸브 밑선까지 담는다.

2. 바스켓에 원두가루를 가득 담아 평평하게 깎아준다. 너무 세게 누르면 추출이 원활히 되지 않으니 유의한다.

3. 바스켓을 하부 보일러에 장착한다.

4. 상부포트를 하부 보일러에 단단히 결합한다.

5. 모카포트를 스토브 위에 올린다. 불은 하부 보일러를 감싸지 않는 정도의 약한 불로 끓인다.

6. 물이 끓으면 추출이 시작되며 포트에서 치지직 소리가 나면 불을 끄고 추출이 다 끝날 때까지 기다린다.

7. 미분이 나오지 않도록 천천히 잔에 따른다.

SPECIAL RECIPE 아포가또
바닐라 아이스크림 한 스쿱을 담고 초코 소스나 카라멜 소스를 곁들여 모카포트로 추출한 커피를 부어 아포가또를 만들어 보자.

7. 사이폰 SYPHONE

진공식 커피포트의 사이폰이라는 명칭은 일본 커피회사의 브랜드이다. 물을 담는 하단 유리 플라스크와 커피를 담는 상단 로드로 이루어져 있다. 하부 플라스크를 알콜램프로 가열하면 수증기가 진공관을 통해 커피가 담겨있는 상부 유리관으로 밀려 올라가 커피가 추출되는 방식이다. 쓴맛이 다소 강하나 부드러운 바디가 특징이다.

추출과정

준비물 사이폰, 분쇄커피 20g, 물 240ml, 알콜램프

1. 융 또는 종이 필터를 필터홀더에 끼운다.

2. 필터홀더를 상부 로드에 넣고 유리관을 통과해 스프링을 잡아 당겨 로드 끝부분에 고정시킨다.

3. 하부 플라스크에 뜨거운 물을 붓고 마른 행주로 물기 없이 닦는다.

4. 상부 로드를 플라스크에 비스듬히 올려놓는다. 로드가 하부 플라스크 입구를 막으면 물이 끓지 않은 상태에서 로드로 올라오게 되니 유의한다.

5. 알콜램프에 불을 붙이고 물이 끓기 시작하면 상부 로드에 커피를 넣는다.

6. 물이 로드로 다 올라오면 스틱으로 약 10회 정도 잘 저어준다.

7. 30초~1분 후 알콜램프의 불을 끈다.

8. 커피 추출액이 하부 플라스크로 내려온다.

9. 잘 흔들어 잔에 따라 마신다.

SPECIAL RECIPE 커피 마티니

커피를 차갑게 식힌 후 쉐이커에 얼음 4~5개를 넣고 드라이진 30ml, 커피 90ml를 넣고 쉐이킹한다. 킥테일 글라스 립 주위에 설탕을 묻혀 잔에 따라낸다.

8. 더치기구 DUTCH COFFEE

뜨거운 물로 내리는 일반 드립방식과는 달리 찬물로 천천히 추출하는 방식이다. 찬물을 사용하기 때문에 커피 성분을 추출하기 위해서는 시간이 오래 걸리며 2L 추출기준으로 평균 8시간에서 12시간 가량 걸린다.(1L 이하의 경우 약 4~6시간) 한 방울씩 떨어지는 모습 때문에 '커피의 눈물'이라고 불리기도 하며 떫은 맛이 적게 추출되어 부드러운 맛과 독특한 향미로 많은 매니아들이 생겨나고 있다.

1. 침출식

Cold Brew 추출 방식으로 분쇄한 원두에 정수된 물을 8시간 동안 침지시킨 후 추출하는 방법으로 미국의 토드 심슨(Todd Simson)에 의해 특허를 얻은 토디(Toddy)라는 상품이 대표적이다.

2. 워터 드롭식 (여과식)

가장 흔히 볼 수 있는 워터 드롭식 추출법은 한 방울씩 물을 떨어뜨려 장시간 추출하는 더치 추출방식이다.

SPECIAL RECIPE 더치큐브라떼

내려 놓은 더치 커피를 아이스큐브 틀에 붓고 냉동실에 얼려두었다가 잔에 더치큐브를 7~8개 정도 담아내고 우유를 붓는다. 더치큐브를 천천히 녹이면서 농도를 맞추고 기호에 따라 시럽을 넣어 마신다.

8. 드립백 DRIP BAG

드립커피를 즐기기 위해서는 드리퍼, 서버, 포트 등 여러 가지 도구들을 필요로 한다. 핸드 드립 커피의 관심도가 늘어나면서 사무실이나 캠핑 등 야외에서도 드립커피를 즐기고자 하는 사람들이 늘고 있다. 그 대안으로 등장한 것이 바로 드립백이다. 거치대와 일체형인 필터에 분쇄된 커피가 담겨 있어 언제 어디서든 뜨거운 물만 있으면 쉽게 드립커피를 즐길 수 있다.

추출과정

준비물 드립백, 뜨거운 물

1. 포장지에서 드립백을 꺼낸다.

2. 드립백 상단을 조심스럽게 뜯는다.

3. 양쪽 날개를 당겨 펼치고 앞쪽의 Press Here를 누른다.

4. 양 날개와 앞쪽 걸이를 잔에 건다.

5. 20~30㎖의 뜨거운 물을 부어 원두를 골고루 적신다.

6. 약 180~200㎖의 물을 2~3번에 나누어 붓는다.

7. 적정량이 추출되면 드립백을 제거한다.

9. 커피 브루어 COFFEE BREWER MACHINE

우리가 커피 메이커라고 부르는 커피 브루어는 흔히 가정에서 많이 사용한다. 요즘은 보다 편리하고 안정된 커피 맛을 제공하는 브루어가 많이 등장하고 있다. 물론 보급형보다 가격이 비싼 편이지만 집에서도 맛있고 편리하게 드립커피를 마실 수 있다는 장점이 있다.

윌파 자동머신

필립스 커피브루어

모카마스터

10. 캡슐머신 CAPSULE COFFEE MACHINE

원두커피 시장의 핫이슈로 등장한 캡슐머신은 편의성과 심미성으로 여성들의 혼수 필수품목이 되기도 했다. 빠르고 편리하며 별도의 작업 없이도 에스프레소를 즐길 수 있다는 장점이 있다. 기계별 추가적 기능도 다르고 무엇보다 브랜드별 캡슐의 종류가 다양하니 시음 후 구매를 결정하는 것이 현명한 선택이 될 것이다.

Keurig K45 Elite

Nescafe Dolce Gusto

AEG Lavazza Pavola

11. 반자동 에스프레소 머신

집에서도 카페처럼 크레마 가득한 에스프레소를 즐길 수 있는 머신으로 점점 홈 카페를 즐기는 고객이 많아짐으로써 화려한 1그룹 머신이 등장하기 시작했다. 사용하기 간편한 보급형 머신부터 전문점에서 사용할 법한 고급 기능들을 옮겨놓은 머신까지 그 사양이 천차만별이다.

Delonghi 1G

Dalla Corte Super Mini 1G

Faema Enova 1G

12. 핸드드립

18C 멜리타 여사에 의해 발명되어 다양한 형태로 개발되었으며 원두 본연의 맛과 향을 즐기기에 좋은 추출 방법이다.

① 칼리타

바닥에 3개의 추출구가 있으며 상단에서 하단까지 직선 리브로 되어있다. 물 빠짐이 일정하여 산뜻한 신맛과 가벼운 바디감이 특징적이나 고른 추출이 쉽지 않다.

② 멜리타

바닥에 1개의 작은 추출구가 있으며 리브의 형태는 칼리타와 같다. 추출구가 하나이기 때문에 물이 고여 있다 추출되어 속도가 느리고 과다 추출 가능성이 있다. 하지만 커피의 성분 추출은 탁월하다.

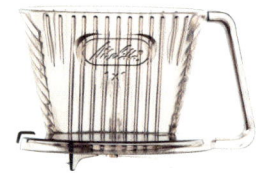 

③ 고노 KONO

바닥에 1개의 추출구가 있으며 리브의 형태는 중간에서 하단까지 직선으로 되어 있다. 좁은 원추형의 형태로 커피 추출액이 중앙으로 집중되어 진하고 묵직한 바디감이 특징이다. 단점은 맛의 편차가 큰 편이다.

④ 하리오 **HARIO**

추출구는 고노와 같이 1개가 있으며 리브는 상단에서 하단까지 회오리형으로 되어있다. 하리오 드리퍼는 추출속도가 빠른 편으로 잡미가 없는 깔끔하고 부드러운 맛이 특징이다. 다만 추출속도가 빨라 과소 추출될 가능성이 높다.

 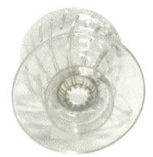

⑤ 케맥스

1941년 독일의 화학자 피터 제이 슈룸봄 박사(Peter Schlumbohm)에 의해 발명되어 일리노이드 공과대학 선정 '현대 100대 디자인'에 선정되고 MOMA 뉴욕 현대 미술관에 전시되어 그 심미성과 기능에 대해 인정받은 추출기구이다. 특히 케맥스는 추출 시 향미 보존성이 좋고 일정한 추출 속도로 맛의 편차가 크지 않은 것이 특징이다.

CHAPTER 2 ››

필터의 종류

1. 융

융 필터는 종이필터에 비해 조직이 성글기 때문에 커피에 지방과 오일이 많이 녹아 나온다. 이런 특성은 향미가 풍부하고 부드러운 맛을 낸다. 단 커피가 추출되면서 오일 성분들이 필터에 흡착되므로 잘 씻어서 건조시키지 않으면 잔여물이 남아 다음 추출 시 좋지 않은 맛을 낼 수 있다.

2. 금속

금속필터는 대부분 스테인레스로 되어 있으며 반영구적으로 사용이 가능하다. 커피의 지방성분까지 추출되어 풍부한 향과 묵직한 바디감이 특징이다. 단 커피의 미분이 모두 걸러지지 않아 약간 텁텁한 단점이 있다.

3. 종이

표백 여과지와 천연 펄프 여과지가 있으며 천연 펄프 여과지는 표백을 하지 않은 갈색으로 펄프 냄새가 많이 나는 편이고 표백 여과지는 천연 펄프에 비해 깔끔한 편이다. 커피의 오일성분이 잘 걸러지기 때문에 맛이 깔끔하고 날카로운 커피가 추출되며 사용이 간편하다.

무표백 필터

표백 필터

CHAPTER 3 ››

포트의 종류

포트를 구매할 때는 재질과 배출구, 손잡이를 잘 고려하여 구매를 결정해야 한다. 재질의 종류는 스테인레스, 동, 법랑(에나멜)이 있다. 배출구의 형태도 코가 긴 것과 짧은 것이 있는데 코가 짧고 가는 것이 일정한 물줄기를 내는데 용이하며 배출구의 끝부분이 뭉뚝한 것보다 뾰족한 것이 물줄기 컨트롤이 쉽다. 손잡이의 형태에 따라서도 폐쇄형과 개방형으로 나눌 수 있는데 손잡이의 모양이나 크기 등이 손에 잘 맞는지 잡아보고 결정하는 것이 현명하다.

1. 동포트
열 전도율이 좋고 장식적인 효과도 좋으나 관리를 소홀히 하게 되면 변색의 우려가 있으며 가격이 상대적으로 비싼 편이다.

2. 스테인레스 포트
가장 편하게 사용할 수 있는 재질의 포트로 오래 사용하여도 변색이 되지 않고 보온성이 좋아 많이 사용하는 포트이다.

3. 법랑(에나멜) 포트
표면에 유리질을 고온으로 구워 붙인 것으로 위생적이고 내구성이 뛰어나며 심미적이다. 단, 오래 사용 시 질의 벗겨짐에 주의해야 한다.

LESSON 06

에스프레소 머신의 이해

사람이 커피를 마신 이후부터 더 좋은 품질의
커피를 추출하기 위해 커피머신은 발전을 거듭해왔다.
머신의 원리와 구조에 대한 이해를 통해 더 좋은 에스프레소를 추출할 수 있다.

CHAPTER 1 ››

머신의 발전

◎ **커피 추출 방법의 변화**

7세기 칼디에 의해 커피가 발견된 이후 아라비아 반도를 거쳐 터키 그리고 유럽으로 퍼져나갔다. 1720년 베니스에 '카페플로리안'이 오픈 하였으며 그 이후 수많은 커피하우스가 생겨나면서 커피는 유럽 각지 곳곳으로 퍼져나갔다. 그 당시 커피는 터키의 문화를 그대로 가져와 터키식 커피가 주류를 이루었는데 작은 주전자에 물과 커피가루, 그리고 취향에 따라 설탕이나 향신료 등을 함께 넣어 끓여서 마시는 방식이었다. 그 후 유럽에서는 터키식 커피의 텁텁한 질감과 잡미를 보완하기 위해서 뜨거운 물에 커피가루를 넣고 천과 같은 필터로 걸러내는 방식이 보급되었는데 이는 바로 드립커피의 시작이었다.

또한 18세기 유럽의 커피하우스에서는 드립커피에 우유를 섞어 부드럽게 만든 카페오레와 터키식 커피까지 여러 가지 추출방법이 발전하였다. 특히 많은 사람들이 커피하우스에 모이기 시작하면서 어떻게 하면 진하고 상쾌한 커피를 단 시간 안에 많이 추출할 수 있을지를 고민하기 시작하였다. 이 때문에 19세기 북부 이탈리아를 중심으로 추출속도를 높이는 다양한 기계가 고안되었다.

◎ **추출속도의 변화**

분쇄된 커피 입자들 사이로 뜨거운 물이 지나가면서 커피 성분이 용해되어 한 잔의 커피가 추출된다. 여기에 속도를 더하기 위해서 뜨거운 물을 밀어내는 여러 방식이 고안되었는데 이를 통해 다양한 추출방식이 생겨났다.

1. 진공추출

스코틀랜드인인 로버트 나피어(Robert Napire)가 1840년대에 개발한 진공추출기는 현대의 사이폰(Syphone)의 원형이라고 볼 수 있다.

진공 추출방식은 물을 가열할 때 생기는 수증기를 이용한 방식이다. 물을 가열하면 수증기가 생기는데 이 수증기가 끓은 물을 다른 용기로 밀어내어 커피가루와 섞이도록 한다. 이 때 가열을 멈추면 수증기가 식으면서 급격하게 기압이 내려가 다른 용기에 있던 물이 원래 용기로 되돌아오게 되면서 커피가 추출된다. 뜨거운 물이 커피가루와 섞이기 때문에 불순물 제거에는 비효율적이지만 추출력이 강한 방식이었다.

2. 증기압 방식

진공 추출과 반대로 힘을 더해 뜨거운 물을 밀어내는 방식이 연구되었는데 실용화된 기계가 처음으로 공개된 것은 1855년 파리 만국박람회였다. 에드워드 로이셀 드 산타이스(Edward Loysel de Santais)가 고안한 이 기계는 증기기관을 갖춘 큰 타원형으로 1시간에 1,000잔의 커피를 추출했다고 전해진다. 증기압으로 뜨거운 물을 위쪽으로 밀어 올린 후 높낮이 차이와 뜨거운 물의 중량을 이용하여 타워 하부의 커피가루에 통과시키는 방식이다. 하지만 크기가 너무 크고 방식이 복잡하여 널리 보급되지는 않았다.

19세기에 이르러 이탈리아 밀라노에서 루이기 베제라(Luigi Bezzera)가 증기압을 이용한 기계의 특허를 취득하였고 1906년 밀라노 박람회에서 첫 선을 보였다. 베제라의 박람회 부스에 'Cafe Espresso'라고 적혀 있어 이 기계로 추출한 커피를 에스프레소라고 칭했다고 전해진다. 베제라 머신의 큰 특징은 포트 단위로 추출하는 로이셀의 머신과 달리 커피 가루를 필터홀더에 담아 한 잔 또는 두 잔의 커피를 직접 컵에 추출하는 것으로 현대의 에스프레소 머신에도 이어지고 있다.

1903년 데지데리오 파보니(Desiderio Pavoni)가 베제라의 특허 사용권을 얻어 라 파보니(La Pavoni)라는 이름의 기계를 생산하였다. 파보니의 머신은 터키 커피에 친숙해진 이탈리아 카페를 중심으로 호평을 얻었으며 1920년대까지 머신 위에 놋쇠로 장식한 타워식 기계가 카페의 일반적인 풍경이 되었다. 1905년에는 데레시오 아르두이노(Teresio Arduino)가 파보니와 유사한 유형의 에스프레소 머신을 제작하여 인기를 끌었으며 이 머신은 많은 에스프레소 머신의 표본이 되었다.

3. 피스톤 방식

증기압으로 추출하는 에스프레소 머신은 내부 보일러에 물이 끓으면서 생기는 증기가 차면서 물을 밀어내는 원리로 약 1.5기압의 압력이 생겼다. 증기가 밀어낸 끓는 물이 커피가루를 통과하면서 커피가 추출되는데 높은 온도의 물이 유입되어 커피는 떫고 쓴맛이 강하게 추출되었다. 평소의 1기압 정도에서는 물이 100℃에서 끓지만 압력이 높아지면 끓는 점이 낮아져 적정온도인 95℃에서 추출되지 않았던 가용성 성분까지도 모두 추출되어 커피의 잡미가 두드러졌기 때문이다. 그래서 머신 제조업자들은 빠르지만 커피의 향미를 지킬 수 있는 방법을 개발하기 시작했다.

1938년 이탈리아 밀라노의 크레모네시(Signore Cremonesi)와 아킬레 가찌아(Achille Gaggia)가 피스톤방식을 고안하였다. 크레모네시는 레버를 수평으로 돌리면 피스톤이 회전하면서 아래쪽으로 내려가는 것을 이용해 뜨거운 물을 커피에 밀어내는 형태로 머신을 개발하였다. 그 해 가찌아 또한 피스톤방식을 개발하였는데 크레모네시가 죽은 후 특허를 입수하여 1948년 가찌아사를 설립하고 용수철식 피스톤머신을 본격적으로 양산하기 시작했다.

가찌아가 개발한 피스톤 머신은 현재도 사용하고 있는 수동머신의 모태이다. 머신의 레버를 위로 올리면 피스톤이 올라가 그 아래로 뜨거운 물이 유입되고 레버를 다시 아래로 누르면 피스톤이 내려오면서 뜨거운 물을 압축시키며 밀어내어 커피가 추출되는 형태이다. 이 방식은 뜨거운 물의 온도를 높이지 않더라도 피스톤의 압력만으로 8~9기압 정도의 높은 압력이 생성되어 커피의 향미를 유지하게 되었다. 이 때 예상치 않은 현상이 생겨났는데 바로 에스프레소 품질의 척도가 되는 크레마(Crema)이다.

피스톤식 머신으로 인해 이탈리아 전역의 많은 카페와 바에 머신이 보급되었으나 안정적인 커피 품질을 위해서는 숙련된 바리스타의 기술이 필요하게 되었다. 이후 품질안정화를 위한 머신 개발의 노력이 끊임없이 지속되었다.

TIP 크레마 (Crema)

에스프레소 머신이 개발됨에 따라 높은 압력이 커피에 가해지면서부터 부가적으로 생성된 것이 바로 크레마이다. 영어의 크림이라는 뜻을 가진 크레마는 커피에 존재하는 가스와 오일 성분들이 압력으로 인해 유화되어 미세한 방울들로 이루어져 있다. 주로 적갈색을 띠고 있으며 부드러운 촉감과 짙은 농도가 좋은 크레마이다. 또한 크레마에는 휘발성 향기성분들이 갇혀 있어 에스프레소를 마실 때 오랫동안 향을 느낄 수 있도록 해준다. 단 커피가 오래되어 커피 자체 내 가스가 많이 손실된 경우는 크레마가 생성되지 않을 수 있다. 그러므로 크레마의 형태와 지속성은 에스프레소의 품질을 확인하는 기준이 된다.

4. 전동식 펌프

1950년대 이후 피스톤방식을 개량한 다양한 머신이 개발되었다.

피스톤 머신에 수도압을 이용하여 편하게 추출하는 수압식 피스톤이 개발되었으나 지역에 따른 일정치 않은 수압 때문에 널리 보급되지 않았다. 또한 커피를 추출에 사용하는 물을 끓이는 보일러와 우유를 데우는데 사용하는 스팀을 만드는 보일러를 분리한 이중 보일러 머신도 선을 보였다. 하지만 이러한 머신은 부피가 커 사용의 어려움이 있었으나 전동 펌프가 개발되면서 에스프레소 머신의 혁신이 시작되었다.

훼마사에서 1961년 최초로 전동 펌프를 사용한 에스프레소 머신인 Faema E61을 출시했다. 전동펌프는 약 9기압의 높은 압을 일정하게 생성시켜주었으며 수직적이었던 구조를 수평적으로 바꾸어 머신의 크기를 보다 컴팩트하게 만들었다.

CHAPTER 2 ››

머신의 종류와 구조

◎ 머신의 종류

1. 수동 머신

수동 머신은 피스톤식으로 지렛대 원리를 이용한 머신이다. 머신의 레버를 올리거나 내려 피스톤을 들어 올려 뜨거운 물을 유입시키고 다시 레버를 반대로 움직여 피스톤이 내려가면서 뜨거운 물을 밀어내어 커피를 추출한다. 지렛대 원리로 레버를 움직이는데 큰 힘이 들지 않지만 매 추출마다 올리고 내리는 일이 번거롭고 사람이 몰릴 경우 빠른 대응이 쉽지 않다. 또한 사람의 힘으로 추출하는 방식이라 일정한 커피 향미를 내기 위해서는 바리스타의 숙련된 기술이 필요하다.

2. 반자동 머신

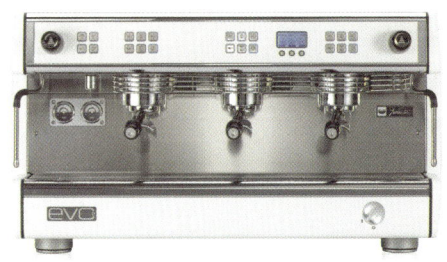

일정한 압력 유지, 편리성 등을 개선한 반자동 머신은 가장 보편적으로 사용하고 있는 머신이다. 그라인더와 머신이 분리되어 있어 원두에 직접적인 열이 전해지지 않아 수동식에 비해 향미 변화가 적은 에스프레소를 추출할 수 있다. 하지만 원두의 분쇄도, 투입량 등 다양한 변수가 작용하는 만큼 전문 바리스타의 역량이 중요하다. 최근에는 디지털화 되어 압력, 온도 등 사용자가 세부조정을 할 수 있도록 되어 있어 더 다양한 에스프레소를 추구할 수 있다.

3. 전자동 머신

전자동 머신은 대부분 그라인더가 내장되어 있어 다른 작업 없이 버튼하나로 커피를 추출할 수 있다. 또한 프로그래밍이 가능하여 어느 누구나 추출해도 비슷한 맛의 커피를 만들 수 있으며 일정량에 도달하면 자체 내부 청소가 가능한 머신도 있어 전문 바리스타가 상주하지 않는 사무실, 병원, 레스토랑 등에서 많이 사용하고 있다. 하지만 원두 소모량이 적을 경우 머신 내 그라인더에 오래 담겨 있어 원두가 쉽게 변할 가능성이 있으며 세팅된 메뉴 이외에 다른 메뉴를 만들기 어렵다는 단점이 있다.

TIP 머신 종류에 따른 특징

수동	반자동	자동
특징 레버식	특징 펌프식	특징 펌프식
그라인더 필요	그라인더 필요	그라인더 내장
장점	장점	장점
• 섬세한 맛 표현 가능	• 메모리 기능의 편리	• 버튼 하나로 손쉽게 메뉴 제조 가능
• 시각적인 효과	• 원하는 맛을 만들기 쉬움	
단점	단점	단점
• 반 자동에 비해 느린 편	• 넓은 설치 공간 필요	• 별도 세팅이 번거로움
• 일정한 맛의 추출 어려움	• 바리스타의 전문성 필요	• 맛의 품질 유지 어려움
• 숙련된 바리스타 필요		

◎ 머신의 외부 구조

매장에서 가장 많이 사용하고 있는 반자동 머신을 중심으로 외부 구조와 기능을 살펴보자.

1. 전원

머신에 전력을 공급해주는 스위치로 형태는 사진과 같이 돌리거나 버튼식 등 머신 종류마다 조금씩 차이가 있다. 스위치를 '1'로 돌리면 전력이 공급되고(ON), '0'로 돌리면 전력이 차단된다(OFF).

2. 드립트레이

잔을 올려놓는 드립트레이 그릴과 물을 모아 배수하는 드립트레이로 구성되어 있다. 잔이 닿는 부분인 드립트레이 그릴은 추출 전후 항상 깨끗한 행주로 닦아주어 잔에 이물질이 묻지 않도록

한다. 드립트레이는 그룹헤드, 온수노즐 등에서 떨어지는 물을 모아 드립트레이 하단에 있는 배수통을 통해 물을 버려주는 역할을 한다. 배수통이 청결한지 확인하여 막히는 경우가 없도록 하고 혹시 찌꺼기가 있으면 물을 부어 쌓이지 않도록 유지한다.

3. 압력계

머신 내부 압력을 표시하는 게이지로 펌프압력계와 보일러 압력계로 이루어져 있다. 펌프압력계는 커피 추출에 필요한 압력을 나타내며 0~15bar까지 표시되어 있다. 이 게이지는 평상시에는 1~2bar 정도의 기본 수압을 가리키고 있다가 추출될 때 8~10bar의 펌프압력이 표시된다. 추출 시 표시되는 압력계이므로 세팅을 위해서는 추출 중 올라가 있는 펌프압력을 기준으로 조절해야 한다.

보일러 압력계는 메인 보일러내의 압력을 나타내며 0~2.5(머신에 따라서는 3)까지 표시되어 있다. 머신이 작동되어 예열이 끝나면 평균 1~1.5bar을 유지해야 하며 바늘이 빨간 영역에 있는 경우는 보일러 내 압력이 높아진 경우이므로 바로 점검을 받아야 한다.

펌프압력계   보일러압력계

작동 전   작동 후   작동 전   작동 후

4. 스팀밸브

스팀을 사용하기 위해 열어주는 밸브로 형태는 머신의 종류마다 조금씩 다르다.

5. 스팀노즐

스팀노즐은 메인 보일러 안의 수증기를 빼내어 우유를 데우는 역할을 한다. 우유에 직접 닿는 부분인 만큼 스팀 전후에 스팀노즐 전용 행주로 닦아주어 항상 청결을 유지하는 것이 중요하다.

 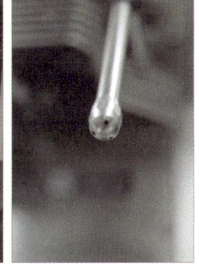

스팀노즐   스팀노즐 팁

TIP 스팀노즐 청소

영업 마감 시에는 스팀피처에 물을 담아 스팀노즐을 담가 굳어있는 찌꺼기를 불려 다음날 청소한다. 정기적으로 스팀노즐의 팁을 분리하여 부드러운 솔을 이용해 노즐안 쪽을 닦아주고 팁의 구멍도 막히지 않도록 닦아준다.

사용 후 세척   마감시 청소

6. 온수 디스펜서

메인보일러 내 데워진 뜨거운 물이 나오는 곳이다. 지속적으로 온수가 나오므로 스케일이나 이물질이 생길 염려가 있으니 주기적으로 분리 청소해야 한다.

온수 디스펜서   온수디스펜서 작동 시

7. 포타필터

포타필터는 커피를 직접 담는 부분으로 필터를 끼우는 필터홀더와 스프링, 필터, 스파웃으로 구성되어 있다. 필터홀더는 열 유지를 위해 일반적으로 동으로 제작하여 크롬도금을 한다.

스프링

스파웃

포타필터 구성 부품

① 스프링
스프링은 필터홀더에 필터가 완전히 장착되도록 잡아주는 역할을 하며 청소 시에는 스프링도 분리하여 세척한다.

② 필터
필터는 투입하는 양에 따라 사이즈가 다르니 원하는 크기를 확인하고 사용해야 한다. 필터는 영업마감 후 매일 세척하여 청결을 유지하는 것이 중요하다.

7g   16g   21g

③ 스파웃
스파웃은 추출된 커피가 흘러나오는 추출구로 1잔용과 2잔용이 있다. 스파웃 역시 커피가 직접 닿는 부분이므로 커피를 담는 동작 시에 바닥이나 드립트레이그릴에 닿지 않도록 한다.

8. 그룹헤드

커피를 직접 담는 포타필터를 장착하여 실제로 커피가 추출되는 부분이다. 이 그룹의 개수로 머신을 1그룹 머신, 2그룹 머신 등으로 부르기도 한다.
커피가 추출되면 그룹을 통해 강하게 물이 추출되는데 커피가 골고루 젖을

그룹헤드 작동 전　　　　　그룹헤드 작동 후

수 있도록 샤워필터와 샤워필터를 고정시켜주는 샤워홀더가 장착되어 있다. 또한 그룹에는 고무로 된 가스켓이 있어 추출 시 압력을 새지 않도록 도와준다. 그룹은 커피가 직접적으로 닿는 부분이므로 지속적인 청소 및 유지관리가 중요하다.
샤워필터의 경우 오래 사용할수록 물을 분사해주는 작은 구멍들이 원두 찌꺼기로 막히는 경우가 생긴다. 주 1회 이상은 샤워필터와 샤워홀더를 분리하여 세제로 세척하는 것이 좋으며 찌꺼기가 너무 많이 고이거나 물이 분사되지 않고 한쪽으로 쏠리는 경우는 교체해주어야 한다. 포타필터를 그룹에 장착할 때 탄력이 없거나 물이 새는 경우 대부분 가스켓이 마모되거나 경화된 경우이므로 교체해주어야 한다. 교체 시에는 뾰족한 송곳이나 드라이버를 이용하여 안쪽의 마모된 가스켓을 빼내고 새로운 가스켓을 포타필터 위에 올려 장착시키는 방법으로 끼워 넣으면 된다.

9. 버튼

추출버튼의 모양, 위치 등은 머신 종류에 따라 다르지만 기능은 거의 유사하다. 적은 양의 1잔과 2잔, 많은 양의 1잔과 2잔, 연속추출버튼 그리고 온수를 추출하는 온수버튼으로 구성되어 있다. 연속추출을 제외한 5개의 버튼은 개별 세팅이 가능하기 때문에 매장 운영상황에 따라 조정하여 사용할 수 있다.

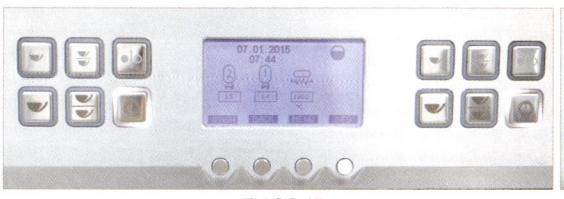 

그룹별 추출버튼　　　　　　　　　　　　　　온수버튼

◎ 머신의 내부 구조

1. 보일러

보일러는 물을 담아 적절한 온도로 끓여 커피추출, 온수 그리고 스팀을 사용하는 부품이다. 구조에 따라 일체형, 독립형 그리고 혼합형 등 다양하게 개발되어 있다.

① 일체형 보일러

메인 보일러 하나로 온수와 스팀, 추출을 모두 사용하는 구조로 되어 있는 일체형은 단순한 구조로 가격이 저렴하다. 하지만 온수를 많이 사용할 경우 수위 유지를 위해 찬물이 유입되어 커피추출수 온도도 같이 낮아지는 단점이 있다. 이를 보완하기 위해서는 보일러 용량이 큰 머신을 사용하는 것이 좋다.

■ 일체형 보일러 구조

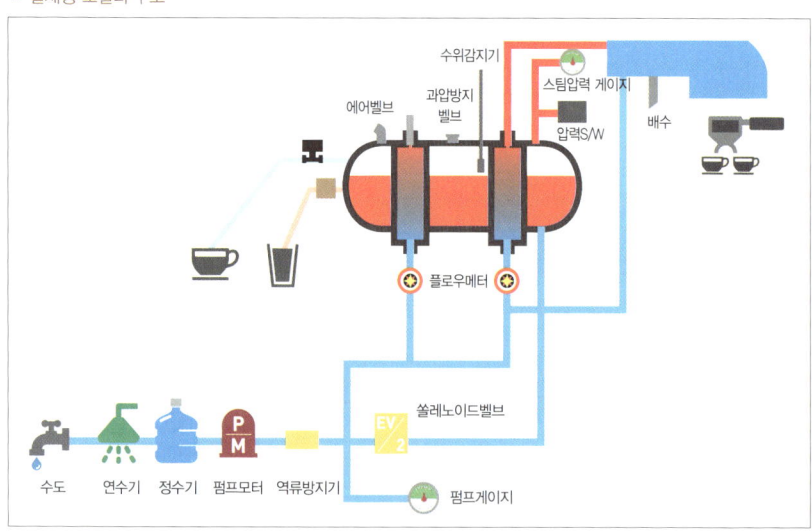

② 독립형 보일러

커피 추출수 온도 유지를 위해 메인보일러와 추출보일러를 분리한 구조로 되어 있다. 그룹마다 보일러가 따로 분리되어 있어 메인 보일러의 온도에 영향을 받지 않아 안정적인 온도를 유지하는 장점이 있다. 또한 각 그룹마다 추출온도를 세팅하여 사용할 수 있기 때문에 다양한 맛 표현이 가능하다. 다만 그룹 보일러의 용량이 크지 않아 추출을 많이 할 경우 냉수의 유입으로 추출수의 온도가 떨어질 우려가 있으며 겨울에는 동파의 위험이 있으므로 많은 관리가 필요하다.

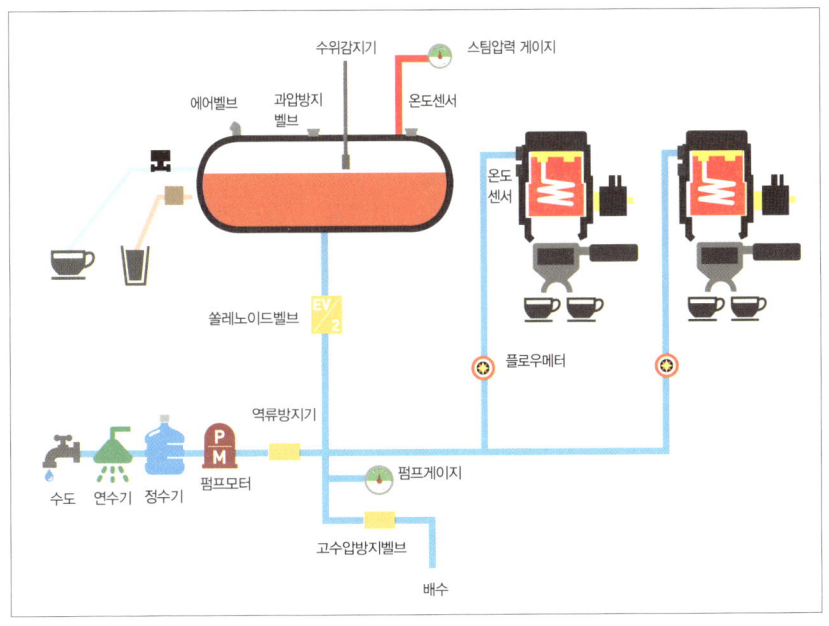

2. 히터

메인 보일러와 그룹보일러의 물을 데우는 역할을 한다. 보일러 내 수위가 낮아지면 찬물이 유입되어 온도가 떨어지고 이를 다시 데우기 위해 히터기 작동한다. 물에 계속 잠겨있기 때문에 부식은 되지 않으나 스케일이 낄 염려가 있으니 지속적인 관리가 필요하다.

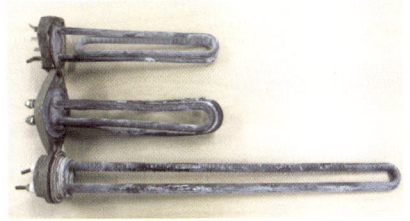

3. 과압 방지밸브

일반적으로 메인 보일러는 약 1~1.3bar정도의 압력을 유지한다. 하지만 2bar 이상으로 압력이 높아지면 밸브 안의 스프링이 압축되어 일부 압이 바깥으로 배출된다. 만일 과압 방지밸브가 제대로 작동하지 않고 계속해서 압력이 높아진다면 머신을 끄고 A/S요청을 하는 것이 좋다. 보일러에는 뜨거운 물과 높은 압력이 차 있으므로 설불리 직접 만지는 것은 위험하기 때문이다.

4. 수위감지 봉

메인 보일러는 항상 물이 가득 차 있는 것이 아니라 약 70%의 뜨거운 물과 30%의 수증기로 차 있다. 온수나 스팀을 사용하는 경우 수위가 낮아지는데 이를 감지하는 역할을 한다. 히터와 마찬가지로 오랫동안 사용하면 스케일이 낄 가능성이 있는데 스케일이 끼면 센서의 역할이 떨어져 수위를 감지하지 못한다.

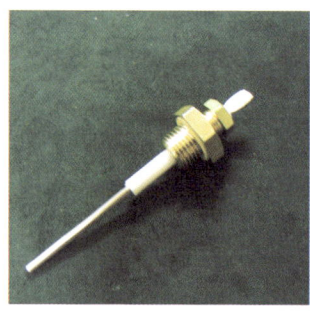 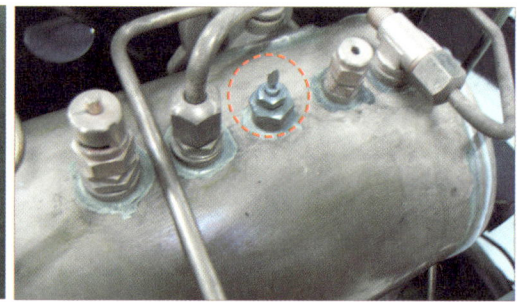

5. 플로우메타

커피를 추출할 때 물의 양을 감지하는 센서로 물량감지 센서와, 물량감지 유동자석, 그리고 본체로 이루어져 있다. 본체로 물이 공급되면 내부의 유동자석이 회전하고 회전수에 따라 물량이 감지된다.

 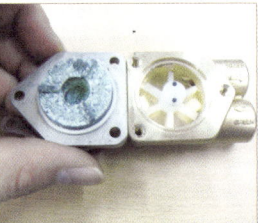 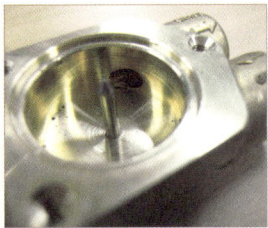

6. 물공급 전자밸브

메인 보일러에 찬물을 공급하는 밸브로 보일러 내 수위가 낮아지면 자동으로 작동한다. 하지만 고장이 날 경우 지속적으로 물이 공급되어 보일러의 물이 넘치게 된다.

7. 역류방지밸브

보일러에서 나오는 뜨거운 물이 역류하여 펌프로 유입되지 않도록 하는 밸브이다. 밸브에 문제가 있을 경우 처음 추출한 커피와 이후 추출한 커피의 양이 달라진다. 이 상태가 지속되면 펌프 수명이 단축된다.

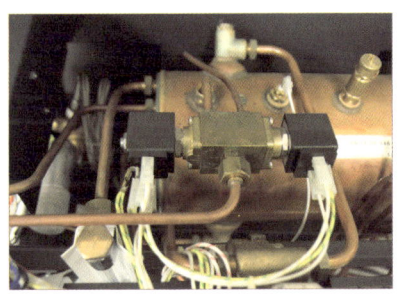

8. 과수압 방지밸브

메인보일러에 수압이 기준치 보다 높은 압력으로 공급될 때 자동으로 작동하여 수압을 조절한다. 밸브에 이상이 있는 경우 펌프가 작동할 때 배수동으로 물이 흘러나와 속도가 느려져 제대로 된 에스프레소가 추출되지 않는다.

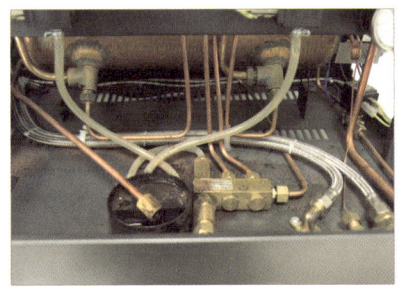

9. 스팀밸브

메인 보일러 내 스팀을 외부로 방출시키는 밸브로 개폐 정도에 따라 스팀압이 달라진다. 스팀밸브를 잠궜음에도 노즐에서 물이 조금씩 흘러나온다면 스팀밸브가 마모된 경우이니 교체해야 한다. 교체하지 않을 경우 보일러 압력이 떨어지고 다시 예열하는 과정을 계속 반복하여 평소보다 전기료가 많이 나오고 머신에 무리가 많이 간다.

 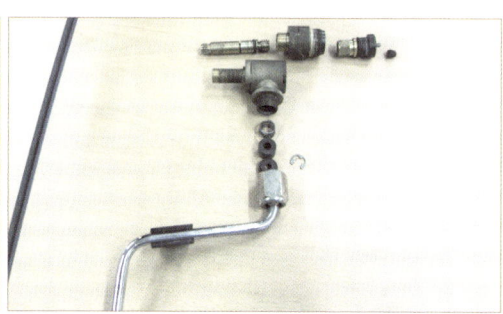

10. 온수전자밸브

온수의 추출과 차단을 제어하는 밸브이다. 전기가 공급되면 내부의 추가 당겨지면서 온수가 추출되고 전기가 차단되면 스프링으로 인해 추가 원상 복귀되어 온수가 차단된다. 온수의 양은 메인보드에 입력된 시간에 따라 조절된다.

11. 에어밸브

에어밸브는 보일러 내의 공기를 배출하는 부품이다. 보일러의 물이 가열될 때 기존의 공기가 남아 있을 경우 같이 팽창하여 온도를 일정하게 유지하기 어렵다. 그렇기 때문에 물이 데워지는 동안 에어밸브를 통해 공기가 조금씩 빠져나가게 되어 있다.

12. 펌프모터

펌프모터는 자동차의 엔진과 같은 중요한 역할의 부품으로 커피추출에 필요한 7~9bar 가량의 높은 압을 일정하게 공급해준다. 완벽한 에스프레소 추출을 위한 변수 중 중요한 것은 바로 압력이다. 압력이 일정치 않거나 낮을 경우 크레마가 생성되지 않고 커피의 향과 맛 또한 풍부하게 추출되지 않는다. 이 모터에 물이 원활하게 공급되지 않을 경우 머신에서 '웅'하는 소리가 나며 이 상태가 오래되면 모터가 과열될 수 있으니 주의해야 한다.

압력은 펌프헤드의 조절나사를 돌려 조절한다. 펌프는 추출 시에만 작동하므로 압력 조절을 위해서는 추출버튼을 작동시킨 상태에서 해야 한다. 일반적으로 시계방향으로 돌릴 경우 압력이 증가하고 반 시계방향으로 돌리면 압력이 감소한다.

CHAPTER 3 ››

머신의 관리

매일마감

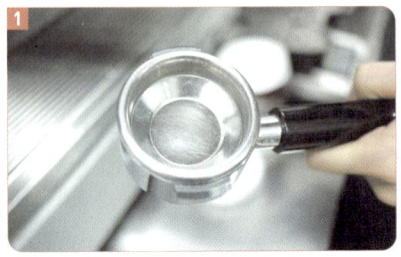
포터필터에 블라인드 필터를 끼워 그룹에 장착한다.

※ 백플러싱: 프리추출버튼을 눌러 약 10초간 작동시키고 멈추는 과정을 4~5번 반복 (머신에 자동청소 기능이 있을 경우는 청소모드를 작동시킨다.)

백플러싱으로 그룹 내부찌꺼기를 제거한다.

포타필터와 내부 필터를 분리하여 세척한다.

스팀노즐과 그룹헤드를 깨끗한 행주로 닦는다.

드립트레이와 드립트레이그릴을 분리하여 세척한다.

배수관에 뜨거운 물을 부어 찌꺼기를 흘려보낸다.

스팀피처에 뜨거운 물을 받아 스팀노즐을 담가둔다.

세제 청소

포터필터에 블라인드 필터를 끼우고 에스프레소 머신 전용 세제를 1/2티스푼을 넣어 그룹에 장착한다.

백플러싱으로 그룹 내부찌꺼기를 제거한다. (머신에 자동청소 기능이 있을 경우는 청소모드를 작동시킨다.)

그룹헤드의 나사를 풀어 샤워필터와 샤워홀더를 분리한다.

깨끗한 넉박스에 뜨거운 물을 채우고 에스프레소 머신 전용 세제를 2티스푼 넣는다.

포타필터, 내부 필터, 샤워홀더와 샤워필터 그리고 나사를 담근다.

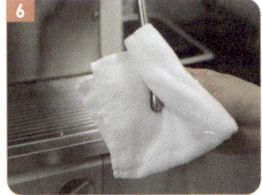
스팀노즐과 그룹헤드를 깨끗한 행주로 닦는다.

세제에 담그어 둔 부속품을 깨끗이 세척한다.

그룹에 샤워홀더와 샤워필터, 나사를 장착하고 물이 제대로 추출되는지 확인한다.

드립트레이와 드립트레이그릴을 분리하여 세척한다.

스팀피처에 뜨거운 물을 받아 스팀노즐을 담가둔다

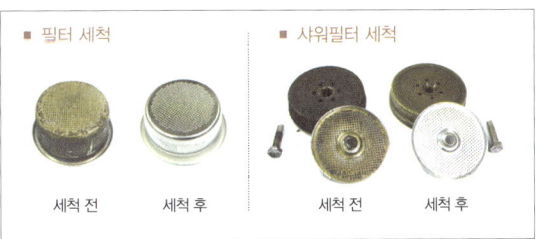
■ 필터 세척   ■ 샤워필터 세척
세척 전   세척 후   세척 전   세척 후

LESSON 07

커피 분쇄하기

커피를 추출하기 위해서는 물과 닿는 표면적을 넓혀
커피의 가용성 성분을 빼내는 것이 중요하다.
그래서 추출 전에는 커피 분쇄라는 과정을 거치게 되는데
분쇄 입도 정도에 따라 커피의 품질이 크게 달라진다.
커피는 주변 환경 등에 따라 지속적으로 변화하기 때문에
제대로 된 커피의 추출을 위해서는 분쇄에 대한
이해를 통해 입도를 조절하는 것이 필요하다.

CHAPTER 1 ››

그라인더의 종류

그라인더는 얼마나 균일한 입자로 분쇄하는지, 발열이 적어 향미 손실을 최소화 하는지가 중요하다. 날의 유형과 지름, 회전 수에 따라 분쇄품질이 달라지므로 사용에 적합한 그라인더를 선택해야 한다.

그라인더 날의 형태

1. 칼날형

믹서기와 같은 형태의 칼날형은 분쇄하는 시간으로 입자를 조절한다. 단순한 구조 때문에 가격이 저렴하여 가정용으로 많이 사용한다. 하지만 발열이 심해 커피의 맛을 떨어뜨리고 균일한 입자조절이 어렵다.

2. 코니컬형

코니컬형(원추형)의 날은 주로 핸드밀에서 많이 사용된다. 회전수가 다른 것에 비해 느린 편으로 발열은 적은 편이나 분쇄입도가 균일하지 않다.

3. 디스크형

가장 많이 사용하고 있는 디스크형(평면형) 그라인더는 윗날과 아랫날이 맞물려 돌아가면서 커피를 분쇄한다. 회전수가 높아 입자가 고르게 빨리 분쇄되는 반면 마찰열이 발생하는 단점이 있다. 서로 맞물리면서 분쇄가 되는 형태이므로 오래 사용할수록 날은 무뎌진다. 평균 300~400kg 정도 사용하면 날을 교체해주는 것이 좋으며 이는 매장 사용량에 따라 달라진다.

4. 롤형

원통형의 긴 롤형 그라인더는 주로 대량의 분쇄가 필요한 공장에서 사용한다. 그라인더는 2개의 롤이 한 쌍으로 분쇄가 이루어지는데 주로 3~4쌍의 날을 거쳐 여러 번 분쇄가 되므로 입자가 고르고 미분의 양도 조절이 가능하다.

CHAPTER 2 ››

그라인더의 구조

1. 전원

전력을 공급하는 부품으로 수동 그라인더의 경우 전원이 공급되는 동안만 분쇄가 이루어진다.

2. 호퍼

원두를 담아두는 호퍼는 평균 500g~1kg정도 담을 수 있다. 하지만 사용량이 많지 않은 경우 원두를 가득 담아 두면 산소와 햇볕에 노출되어 산패가 빠르게 진행되므로 사용량 대비하여 적당량만 담아두는 것이 좋다.

3. 원두 투입레버
호퍼에 담긴 원두가 그라인더 날에 투입하는 레버이다. 호퍼를 분리할 경우 반드시 레버를 닫고 분리해야 한다. 또한 레버를 닫아 놓은 상태로 분쇄를 할 경우 그라인더 날이 공 회전되어 마모될 가능성이 있으므로 분쇄 전에 꼭 체크한다.

4. 입자조절판
윗날과 아랫날의 간격을 조절하는 부품으로 숫자가 작아질수록 간격이 줄어들어 분쇄입도가 가늘어지고 숫자가 클수록 간격이 넓어져 굵어진다. 큰 숫자 쪽으로 계속 돌리면 입자조절판이 분리된다.

5. 도저
분쇄된 커피가 담기는 곳으로 내부에 양을 조절할 수 있는 날개가 있다. 날개를 누른 상태에서 나사를 잠그면 한 번 배출하는 양이 적어지고 나사를 풀면 양이 많아진다.

6. 원두 배출레버
레버를 당기면 도저 내의 날개 한 칸만큼의 분쇄 커피 양이 배출된다.

7. 포타필터 받침대
분쇄 커피를 담는 동안 포타필터를 거치할 수 있는 받침대이다.

CHAPTER 3 >>

그라인더 세팅방법

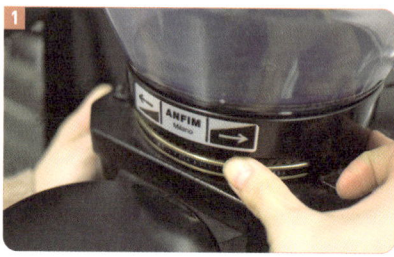

추출에 적당하도록 입자조절판을 돌려 분쇄입도를 조절한다. 숫자가 작을수록 가늘어지고 클수록 굵어진다.

전원을 켜서 조금만 분쇄한다.

스푼에 담아 손으로 분쇄 정도를 확인한다. 지속적인 훈련을 통해 손 감각으로 입도를 기억하고 있어야 원두의 낭비를 줄일 수 있다. 입도가 맞지 않을 경우 2잔 분량의 커피를 버린 후 다시 조절한다.

포타필터에 분쇄된 커피를 담는다.

빈 포타필터의 무게를 제하고 담긴 커피의 무게를 측정한다.

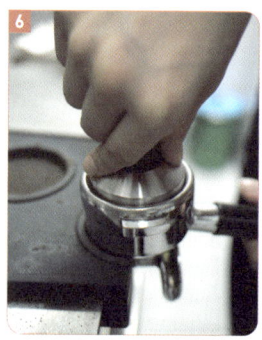

수평이 되도록 레벨링 후 탬핑하고 그룹에 장착한다.

추출시간과 추출량, 커피향미를 확인하여 커피가 제대로 추출되는지 확인한다.

CHAPTER 4 >>

그라인더 관리방법

그라인더는 커피가 직접적으로 담겨 보관과 분쇄가 되는 머신이므로 항상 청결을 유지해야 한다. 그라인더의 사용량에 따라 다르지만 일반적으로 칼날 청소는 월 1회 정도 하는 것이 좋으며 호퍼의 경우 주 1회 정도 간격으로 청소한다. 하지만 강하게 로스팅 된 원두는 오일 때문에 산패도 빠르고 지저분해 보여 더 자주 청소해 주는 것이 좋다.

그라인더 청소방법

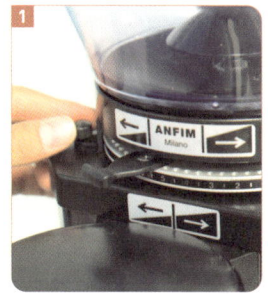

호퍼의 원두투입레버를 닫고 제거한다. 원두는 지퍼백이나 밀폐병에 담아 보관한다.

고정나사를 아래로 당기고 입자조절판을 숫자가 큰 방향으로 계속 돌려 분리한다.

하부 칼날부분을 솔이나 청소기를 이용하여 찌꺼기를 털어낸다.

입자조절판의 칼날부분도 동일하게 청소한다. 물로 세척하면 부식위험이 있으므로 건조상태에서 청소한다.

상하부 칼날을 분리하여 청소기를 이용해 찌꺼기를 제거한다. 찌꺼기가 나사 홈에 끼어 조립 시 나사가 완전히 잠기지 않아 칼날이 마모될 수 있으니 주의한다.

칼날을 재조립하고 입자조절판을 그라인더에 장착한다.

LESSON 08
완벽한 에스프레소 추출

작은 잔에 담긴 적갈색의 두꺼우면서 조밀한
거품이 있는 진한 용액인 에스프레소.
그 풍부한 향미를 발현시키기 위해서 에스프레소 추출원리를
숙지하여 다양한 변수들을 컨트롤하는 것이 필요하다.

CHAPTER 1>>

완벽한 에스프레소

◎ 에스프레소의 기본

50ml의 작은 잔에 담겨 적갈색의 두꺼우면서 조밀한 거품이 있는 진한 용액. 이 작은 용액 하나가 하루에도 전 세계적으로 5천만 잔이 판매되는 에스프레소이다. Express라는 뜻에서 비롯된 에스프레소(Espresso)는 이름에서부터 볼 수 있는 것처럼 짧은 시간에 빠르게 추출하여 제공하는 음료이다. 이 작은 음료로 많은 사람들이 아침을 깨우고, 서로의 시간을 나누며 여유를 되찾게 되는 것이다.

◎ 과연 어떤 에스프레소가 좋은 에스프레소일까?

에스프레소의 정의부터 살펴보면 에스프레소는 가늘게 분쇄하여 7~9bar의 높은 압력으로 20~30초 동안 30ml이내로 추출하여 끈적거리면서 풍부하고 집약된 향미를 가지고 있는 커피이다.

이러한 커피를 추출하기 위해서는 신선한 물, 품질 좋은 생두, 일정한 추출 온도와 압력을 유지하는 머신 그리고 균일한 분쇄가 가능한 그라인더 등 많은 요소들이 필요하다. 또한 이 모든 요소들을 컨트롤할 수 있는 프로페셔널 바리스타가 가장 중요한 요소 중 하나이다.

■ 에스프레소 추출 기준

기준	SCAA, SCAE	Italian
커피 투입량	7~9g(더블: 14~18g)	6.5±1.5g
물의 온도	92~95℃	90±5℃
압력	9~10bar	9±2bar
추출시간	20~30초	30±5초
추출량	20~30ml	25±5ml

포타필터내에 분쇄된 커피가 담기고 높은 압력의 물이 커피를 통과하면서 추출된다. 이때 물은 일정하게 커피를 통과해야 에스프레소의 품질 또한 일정하게 유지된다. 커피에 가해지는 압력은 다져진 커피의 저항값과 운동압, 대기압으로 이루어져 있다. 커피가 굵게 분쇄되거나 양이 적은 경우 커피의 저항값이 작아 압력을 견디지 못해 추출이 빨라져 과소추출이 일어난다.

반대로 너무 가늘게 분쇄되거나 양이 많은 경우 커피에 가해지는 압력이 저항값을 이기지 못해 추출이 느리거나 원활히 이루어지지 않아 과다추출이 된다. 바리스타는 이 커피의 저항값을 조절하여 에스프레소를 제대로 추출하는 능력이 필요하다.

1. 적정추출

추출 시에 끈적한 꿀처럼 떨어지며 헤이즐넛같은 적갈색의 크레마가 고르게 덮여 있고 성분이 고르게 추출된 상태를 말한다.

2. 과소추출 UNDER EXTRACTION

물이 커피를 너무 빠르게 통과하여 성분이 충분히 추출되지 않은 상태를 말한다.

3. 과다추출 OVER EXTRACTION

추출이 오래 지속되어 원하지 않은 성분까지 모두 추출되는 것을 말한다.

■ 과소추출과 과다추출

변수	과소추출	과다추출
커피 분쇄도	굵을 때	가늘 때
커피 투입량	적을 때	많을 때
물 온도	낮을 때	높을 때
압력	낮을 때	높을 때
탬핑강도	약할 때	강할 때

CHAPTER 2 ››

에스프레소 추출 테크닉

제대로 된 에스프레소를 추출하기 위해서는 앞서 이야기한 추출 변수를 숙지하는 것도 중요하지만 변수를 바탕으로 신속하고 동일하게 추출작업을 진행하는 것도 중요하다. 커피는 로스팅 이후부터 품질이 떨어지지만 특히 분쇄된 이후에는 향미 손실이 급격해진다. 그렇기 때문에 최대한 커피의 품질을 유지하면서 추출하기 위해서는 분쇄하고 포타필터에 담는 시점부터 아래와 같은 동작이 신속하게 이루어져야 한다.

도징(Dosing)
그라인더에서 커피를 분쇄하여 도저 레버를 이용해 포타필터에 커피를 적당량 담는다.

레벨링(Leveling)
커피가 동일한 압력으로 고르게 다져지기 위해 한쪽에 치우침이 없이 평평하게 만들어 준다.

1차 탬핑(1st Tamping)
커피를 고르게 담아주고 수평을 맞춘다. 탬핑 후 스프링 라인을 기준으로 수평이 되었는지 확인한다.

태핑(Tapping)
포타필터의 외부의 옆면을 살짝 쳐서 가장자리에 붙어 있는 커피를 털어준다. 너무 강하게 치거나 필터바스켓을 치는 경우 커피에 균열이 발생할 수 있으므로 주의한다. 최근에는 태핑없이 1차 탬핑으로만 끝내는 경우도 있다.

2차 탬핑(2nd Tamping)
탬핑 후 떨어진 커피를 다시 다지고 커피의 저항값을 유의하여 힘있게 눌러준다.

포타필터 상부 청결
포타필터 상부의 필터바스켓의 찌꺼기를 털어준다.

물흘리기
장착 전 2~3초간 추출버튼을 작동시켜 물을 일정량 빼준다. 샤워필터의 찌꺼기를 떨어주고 예열함과 동시에 추출 초반의 열수(熱水)를 빼주어 추출온도를 유지해주는 과정이다.

장착
포타필터를 그룹헤드의 홈에 맞춰 부드럽게 끼운다. 장착 시 머신에 부딪혀 충격이 가해지면 다져진 커피가 깨질 수 있으니 유의한다.

추출
신속하게 버튼을 눌러 커피를 추출한다.
장착 후 시간이 지나면 내부의 열과 습기 때문에 커피의 향미가 손실되니 오래 두지 않는 것이 좋다.

CHAPTER 3 ››

에스프레소 평가

에스프레소는 많은 메뉴의 베이스가 되는 음료이다. 그렇기 때문에 객관적인 평가를 통해 가장 최적의 에스프레소를 추출하는 것이 중요하다. 물론 맛과 향으로 평가하는 것은 개인적인 기호 및 감각에 따라 달라지기 때문에 쉬운 작업은 아니다. 하지만 많은 경험과 지속적인 훈련을 통해 보다 다양한 해석과 객관적인 기준에 따라 평가할 수 있는 능력을 습득할 수 있다.

에스프레소 평가기준

1. 크레마(Crema)
너무 어둡거나 연한 색이 아닌 적갈색의 황금색 크레마가 약 3mm정도로 두껍게 에스프레소 위를 덮고 있어야 한다. 크레마의 양은 잔을 기울여서 커피 원액이 보이지 않고 덮여 있는지로 평가한다.

2. 향(Aroma)
마시기 전 에스프레소 잔을 돌려 크레마를 살짝 깨면 갇혀 있던 에스프레소 향이 올라온다. 향의 강한 정도와 다양하고 풍부한 향을 평가한다.

3. 질감(Mouthfeel)
에스프레소는 커피의 수용성 성분과 불용성 성분이 추출되어 드립커피를 마실 때와는 달리 묵직하고 끈적거리거나 매끈한 느낌이 강하다. 마셨을 때 거칠거나 자극적, 또는 떫은 것은 부정적인 느낌이며 버터와 같이 매끈거리거나 크림을 머금었을 때처럼 입 안 가득 차는 풍부한 느낌은 긍정적인 것으로 평가한다.

4. 풍미(Flavor)
에스프레소를 한 모금 머금었을 때 입안과 혀에 남는 느낌과 향 등 복합적인 느낌으로 주로 풍부하고 복잡하며 균형감이 중요하다.

5. 맛의 조화(Balance)
커피에서 느껴지는 신맛, 단맛, 쓴맛 그리고 질감 등의 조화로움을 평가한다. 신맛은 강도가 아닌 오렌지, 체리 등 과일에서 느껴지는 상큼함이 기준이며 단맛은 꿀, 메이플 시럽 등과 같이 끈적거리는 느낌의 달콤함. 그리고 쓴맛은 자극적인 쓴맛이 아닌 다크초콜릿, 카카오 같은 쌉싸름함이 기준이다. 이 모든 맛과 질감이 튀거나 자극적이지 않고 서로 조화롭게 느껴진다면 높은 점수를 부여한다.

6. 뒷맛(Aftertaste)
마시고 난 후 입안에 은은하게 남아있는 여운을 평가한다. 너무 빨리 사라지거나 떫고 쓴맛이 아닌 고소하거나 상큼함 등 긍정적인 뉘앙스가 오래 지속되는 것이 높은 평가를 받는다.

LESSON 09

바리스타를 위한 운영팁

매장에서는 단순히 커피를 제조하는 것이 아니라 고객이 매장에서 만족할 수 있도록 다양한 서비스를 제공하고 개선하는 노력이 중요하다. 또한 커피는 사람이 마시는 음료이기 때문에 식품으로서의 위생관리를 철저히 해야 한다.

CHAPTER 1 ››

서비스

◎ **서비스 환경의 변화**

사람들의 소비 패턴이 변화함에 따라 서비스의 환경도 나날이 발전하고 있다. 2000년대 초반까지만 해도 고객 만족의 시대라 불렸다면 중반부터는 고객 감동의 시대, 요즘은 고객 졸도의 시대라고 말한다. 그만큼 고객들의 서비스 만족 기준은 높아지고 서비스 질적 향상은 늘 우리들의 숙제로 남아 있다.

최근의 서비스 트렌드는 고객경험이다. 고객에게 경험을 통한 서비스를 제공하고 브랜드를 알리며 새로운 감동을 주는 마케팅에 서비스를 더한 사례가 많다. 그 예로 코카콜라라는 브랜드에서 도심 한가운데 잔디를 깐 후 그 위에 코카콜라 자판기와 나무, 토끼 등의 동물들을 풀어놓고 이를 지켜보던 시민들을 대상으로 콜라를 마시며 자연을 즐길 수 있는 힐링의 시간을 제공하기도 하였다. 코카콜라는 이미 많은 이들에게 알려진 브랜드지만 고객들에게 이러한 경험을 제공함으로써 새로운 기억을 남길 수 있을 것이다.

이처럼 서비스 환경은 끊임없이 다변화하고 있다. 그러므로 이러한 트렌드를 선도할 수 있도록 지속적으로 서비스 개선을 해야한다.

◎ 서비스인의 자세

우리가 비즈니스에서 사람을 만날 때 용모복장, 표정, 자세 등을 중요시 하듯 서비스인에게 이러한 자세는 무엇보다 중요하다. 서비스하는 사람은 곧 그 브랜드를 평가하는 기본요소이기 때문이다.

1. 용모복장

❶ 머리
머리는 단정하게 하며 앞머리가 눈을 가리지 않게 한다. 옆머리(구렛나루)는 짧게 하여 깔끔하게 정리한다.

❷ 얼굴
면도는 아침마다 깨끗하게 하고 과도한 컬러크림 사용은 자제한다.

❸ 손
손은 수시로 깨끗하게 씻고 손톱은 짧게 정리하여 청결을 유지한다.

❹ 유니폼
유니폼은 늘 청결하게 유지하고 특히 앞치마 청결에 유의하여 깔끔하고 세련된 유니폼 착용을 한다. 신발은 커피 찌꺼기나 커피얼룩 없이 유지하며 명찰은 항상 잘 보이게 착용한다.

❶ 머리
긴 머리는 머리망을 사용하여 단정하게 묶고 짧은 머리의 경우 머리를 귀 뒤로 넘겨 머리가 쏟아지지 않게 유의한다. 지나친 머리 염색은 자제하고 지저분하게 나온 잔머리는 헤어 제품을 사용하여 깔끔하게 넘겨준다.

❷ 얼굴
과도한 메이크업은 삼가되 적당한 화장기 있는 얼굴로 립 메이크업은 생기 있는 톤으로 하여 전체적으로 밝은 느낌을 주도록 한다.

❸ 손
손은 항상 청결하게 유지하며 매니큐어는 바르지 않으며 짧게 유지한다.

❹ 유니폼
유니폼은 늘 청결하게 유지하며 특히 앞치마 청결에 유의하다. 신발은 얼룩없이 깨끗하게 유지하며 명찰은 항상 잘 보이게 착용한다.

2. 미소

즐거운 마음으로 웃을 때는 눈이 먼저 웃는다고 한다. 우리가 매 순간순간 고객에게 미소를 지을 때 고객들은 진심으로 웃는 것인지 아닌지 알고 있다. 밝은 미소는 서비스인들에게 필수 요소지만 진정성을 담은 미소가 고객에게 어필할 수 있다는 것을 기억하자.

3. 대기자세

고객을 맞이할 때는 공수자세로 바르게 서고 핸드폰 사용은 자제하며 동료와의 잡담 등을 하지 않는다. 주문이 없을 시에는 매장을 둘러보며 테이블, 의자 등을 정리하고 서비스테이블에 필요한 소모품을 채워 놓도록 한다.

◎ 서비스 화법

고객과 대화 할 때에는 부정적이지 않은 언어를 사용하고 상대의 눈을 바라보며 부드럽게 말한다.

❶ 신뢰화법
다까체 사용을 70%, 요조체 30% 사용시 정중하고 신뢰감을 느끼게 할 수 있다.

❷ 의뢰형 화법
'잠깐만 기다리세요' → '잠시만 기다려 주시겠습니까'

❸ 쿠션화법
죄송하지만~, 바쁘시겠시만~, 실례합니다만~ 등의 쿠션어를 활용하면 대화를 부드럽게 만들어줄 수 있다.

❹ 맞장구 화법
가벼운 맞장구, 동의 맞장구, 정리 맞장구, 재촉 맞장구, 몸짓 맞장구 등을 통하여 상대와의 대화에 공감을 표시한다.

❺ 아론슨 화법
단점을 장점으로 만드는 화법으로 예를 들어 '이건 왜 비싸죠'라는 물음에 '네 비싸지만 질이 좋습니다'라고 표현하는 화법이다.

❻ 칭찬화법
상대를 키워주고 올려주는 화법이다.

◎ 접객 서비스

1. 인사
고객에게 항상 먼저, 적극적으로 인사한다. 인사의 방법에는 3가지가 있다. 가벼운 인사, 보통의 인사, 정중한 인사가 있다.

> **가벼운 인사** 15° 정도로 가볍게 목례하며 좁은 장소나 복도, 마주칠 때 하는 인사.
> **보통의 인사** 30° 정도로 숙이며 일반적인 인사. '안녕하세요', '어서오세요'
> **정중한 인사** 45° 정도로 숙이며 정중함을 나타내는 인사. '감사합니다'. '죄송합니다.'

2. 안내
고객에게 안내를 할 때에는 적극적이며 정확하게 설명하며 방향을 지시할 때에 시선은 상대의 눈을 먼저 바라보고 가리키는 방향을 손으로 안내하며 상대의 눈을 다시 바라본다. 손은 모아 연꽃모양을 만들고 다른 한 손은 받치는 역할을 하거나 정중하게 두 손으로 안내한다. 팔은 거리를 나타내 줄 수 있으므로 가까운 거리는 짧게, 먼 거리는 길게 뻗어 거리를 인지시켜 준다.

3. 주문
고객이 바로 주문할 수 있도록 포스 앞에서 대기하며 고객의 주문을 재확인하여 정확하게 고객이 원하는 메뉴를 준비할 수 있도록 한다. 결제를 할 때에는 받은 금액과 거스름돈을 재확인하며 영수증(현금영수증)을 반드시 같이 제공하도록 한다.

4. 메뉴제공
고객이 주문한 음료 제공 시 '맛있게 드세요'라고 밝은 얼굴로 인사하고 뜨거운 음료의 경우 조심할 것을 인지시키며 리드가 끼워져 있는지 확인하여 제공한다.

5. 환송
고객이 나갈 때에는 '안녕히 가십시오'라고 전송인사를 한다.

◎ 전화응대

전화기를 드는 순간 고객을 마주보고 있다는 생각으로 응대한다. 전화는 얼굴없는 만남이므로 고객이 신뢰감을 줄 수 있도록 각별히 주의한다.

❶ 전화응대의 기본 요령
- 고객을 맞이하는 마음으로
- 벨이 울리면 신속하게 받고
- 표현은 정중하게
- 내용은 간단명료하게
- 바른 자세, 밝은 표정, 밝은 음성으로
- 발음은 명쾌하고 정확하게

❷ 전화예절의 기본
- 전화 받기: 벨이 3회 울리기 전에 받는다.
- 첫 멘트: 인사말에는 회사명+소속+성명을 밝힌다'.
  예) '안녕하십니까? 씨케이 코퍼레이션즈 마케팅팀 ㅇㅇㅇ입니다.'
- 벨이 4회 이상 울린 경우에는 '늦게 받아서 죄송합니다'라고 사과의 인사를 한다.
- 전화응대: 전화를 받았을 때에는 고객의 요구를 적극적으로 파악한다.
- 전화 끊기 전: 중요한 사항을 정리하여 재차 확인하다.
- 마지막 멘트: 통화의 마지막에는 감사하는 마음으로 '감사합니다'라고 정중하게 인사하고 고객이 먼저 끊은 후 수화기를 내려놓는다.
- 전화 통화 이후: 주요 내용을 기록하여 정리하고 메모는 반드시 담당자에게 전달해 준다.

❸ 대기 고객 응대
- 기다렸던 고객에게 감사의 인사말을 한다.
  예) '기다려 주셔서 감사합니다.'

❹ 찾는 사람 부재 시
- 통화 가능한 예정 시간을 알려준다.
  예) '이과장님은 지금 외출 중이신데 오후 5시 이후에 통화 가능할 것 같습니다.'

❺ 전화 인계 시
- 통화 내용을 요약 보고하여 고객이 같은 내용을 반복하지 않도록 배려한다.

CHAPTER 2 ››

카페위생 관리

일반 음식점뿐만 아니라 카페 또한 음식물을 다루는 업장이므로 필히 식품위생에 대한 관리를 철저하게 해야 한다.

식품위생의 정의

❶ 식품위생법 제2조 8항에서의 정의
식품위생이라 함은 식품, 첨가물, 기구 또는 용기, 포장을 대상으로 하는 음식에 관한 위생

❷ WTO 환경위생전문위원회에서의 정의
식품위생이란 식품의 재배, 생산, 제조로부터 최종적으로 사람에 섭취되기까지의 모든 단계에 걸친 식품의 안전성, 건전성 및 완전무결성을 확보하기 위한 모든 필요한 수단

말 그대로 식품위생은 단순한 음식물에 대한 위생뿐 아니라 조리를 위한 기구, 포장 등 음식물 제조에 관련된 전반적인 과정을 모두 포함한다. 이를 위해 식품위생법을 제정하여 식품으로 인한 위생상의 위해를 방지하고 식품영양의 질적 향상을 도모하며 식품에 관한 올바른 정보를 제공함으로써 국민보건의 증진에 이바지하고 있다.

1. 영업신고 및 건강검진

모든 카페는 식품위생법에 의거하여 사업자등록증과 영업신고증을 매장 내 보관해야 한다.

매장 내 음식물을 다루는 모든 근무자는 관할지 보건소에서 건강검진을 받고 보건증을 보관해야 하며 보건증은 매년 갱신해야 한다. 또한 식품접객업 영업자와 종업원은 매년 식품위생에 관한 교육을 받고 해당 교육 필증을 보관해야 한다.

2. 안전한 식품 취급자

소화기 질환자에 의한 조리된 식품으로 타인이 감염되는 것을 방지하기 위해 식품취급자는 연 1회 건강진단을 실시하고 장티푸스, 파라티푸스, 이질, 대장균, 콜레라 등의 유무를 확인한다. 식품관련 종사자는 늘 개인 청결에 신경을 써야 한다. 특히 깨끗한 유니폼을 착용하고 위생적인 손 관리를 하며 최상의 건강상태를 유지하여 질병을 예방한다.

3. 식자재 취급 및 유통기한 관리

카페에서 주로 사용하는 식자재들은 유통기한이 길거나 당류들이 많아 관리를 소홀히 하는 경우가 더러 있다. 하지만 우유 같이 쉽게 변질 가능한 식품도 취급하기 때문에 늘 식자재 취급에 유의해야 한다.

① 유제품 | 선입선출을 기본으로 하고 적당히 쓸 만큼만 발주하여 신선한 상태를 유지한다. 우유 및 휘피크림 등은 관리대장을 만들어 관리한다.

② 분말, 파우더 | 건조 식재료들은 곰팡이 등의 미생물이 빠르게 증식할 수 있어 이에 대한 관리가 필요하다. 특히 여름철에는 유통기한에 상관없이 개봉 후 5일 이내에 사용해야 하며 5일 이상 보관 시에는 반드시 밀봉 또는 냉장보관한다. 또한 소분 시 소분날짜와 상미기한을 표시하고 원 포장재의 한글표시사항을 보관한다.

③ 소스, 시럽 | 대체로 유통기한이 길지만 개봉 후에는 냉장보관을 하는 것이 바람직하다.

④ 냉동식품 | 카페에서 주로 사용하는 냉동식품은 베이커리류나 냉동 퓨레 등이 있다. 냉동식품을 해동하는 가장 바람직한 방법은 냉장 해동법과 전자레인지 해동법이 있다. 상온에서 해동할 경우 미생물의 번식 가능성이 높으므로 지양한다.

⑤ 과채류 | 과채류의 경우 신선하게 보관해야 하므로 반드시 냉장보관 하도록 하고 적정량만 구매한다.

4. 표시사항 관리

모든 식품 원자재의 한글 표시사항은 소진 시까지 보관하며 개봉 시에는 개봉날짜를 기입하고 개봉일로부터의 상미기한을 기재하여 식품 관리 및 사용 기한을 준수한다.

5. 온도관리

냉장은 5℃이하, 냉동은 -18℃이하를 유지하여야 하며 냉장, 냉동고의 부피가 70%를 넘지 않도록 식자재를 보관해야 한다. 냉장, 냉동고는 온도를 체크할 수 있도록 체크 리스트를 만들어 작성하고 그 온도 관리일지는 1년간 보관한다.

6. 교차오염

오물, 기생충, 다른 세균들이 더러운 손이나 장갑, 식기, 도구, 장비 또는 식품에 의하여 또 다른 식품과 기구로 옮겨올 때 발생한다.

① 식품 | 음식을 보관할 때는 덮개가 있는 용기에 담거나 식품용 랩으로 포장한다. 개봉 전 통조림, 진공 팩에서 이미 오염된 식품 또는 하자가 있거나 변질의 문제가 있는 식품은 다른 식품과 분리해서 보관한다.

② 손과 장갑 | 손에 의한 오염을 최소화하기 위해 식품을 취급할 때는 언제나 일회용 장갑을 착용해 식품용 집기 등에 손이 직접 닿는 것을 최소화한다. 장갑을 착용하기 전 손을 닦고 장갑은 한 작업이 끝나면 새 장갑으로 교체한다. 조리된 식품을 취급할 때는 집기와 소도구를 사용한다.

③ 장비 및 식기, 집기, 소도구 | 모든 장비 및 식기류들은 식품과 접촉되는 부분을 잡지 않는다. 교차오염을 최소화하기 위해서는 식품접촉 부분은 항상 세척하고 살균 처리하여 건조한다. 세척 및 살균은 식품제조 후, 4시간에 한 번씩, 장비를 사용하기 전과 조리 중 오염되었을 때, 영입 종료 후, 오염이 발생하였을 경우 언제라도 해야 한다.

④ 행주 | 식품에 사용되는 것과 청소용으로 사용되는 행주는 구분하여 보관한다. 식품접촉 표면을 닦을 때는 오염이 없는 깨끗한 행주에 물을 적셔서 닦아주고 일반 행주와 분리하여 보관한다.

⑤ 제빙기 내·외부 청소 및 스쿱 관리 | 제빙기 내부는 일주일에 한 번씩 청소하고 마감 시 제빙기 전원을 끄고 얼음을 모두 뺀 후 내부를 물로 깨끗이 청소한다. 내부 물기 제거 후 소독용 알콜을 뿌려 살균한다. 외부의 이물질이나 얼룩을 매일 닦아주고 주 1회 공기 필터를 청소한다. 얼음 스쿱은 소독용 알콜과 물을 1:50 비율로 섞어 용기에 담가 둔다.

7. 식중독

식인성 질환은 식품에 의해 사람에게 전달 또는 전염되는 질병으로 두 명 이상이 같은 음식을 먹고 난 후 동일한 질환을 경험하는 사건을 말한다. 유아 및 취학 전 아동, 임산부, 노인, 특정 약을 복용하는 사람, 심한 질병에 걸린 사람 등 감염도가 높은 집단에서 많이 발생한다.

① 잠재적 위해
- 생물학적 위해 : 박테리아, 바이러스, 기생충, 곰팡이, 독소
- 화학적 위해 : 살충제, 식품 첨가물, 세척 용품, 독성 금속
- 물리적 위해 : 머리카락, 오물, 금속성 이물질

② 미생물 번식의 요인
- 산성 : 식인성 질환 미생물은 중성에서 약산성인 pH7.5 ~4.6의 식품에서 가장 잘 번식한다.
- 온도 : 5℃ ~ 57℃의 온도에서 잘 번식한다.
- 시간 : 위험 온도 구간에서 4시간 이상 있을 경우 충분하게 번식하여 질병을 유발시킬 수 있다.
- 공기 : 일부 식인성 질환 미생물은 공기와 접촉 시 번식이 시작된다.

③ 식중독에 원인이 되는 주요 균

- 살모넬라균 : 가금류 및 달걀, 유제품, 쇠고기에 의해 감염되며 가장 일반적인 증상으로는 설사, 복부 경련, 구토, 발열 등이 있다. 식품의 냉장 온도를 준수하며 원재료, 전처리 제품, 완제품을 구분하여 교차오염을 방지한다.

- 세균성 이질균 : 손으로 오염되기 쉬운 식품, 오염된 물과 접촉한 농산물에 의해 감염된다. 가장 일반적인 증상으로는 혈변, 설사, 복통 및 경련, 간헐적 발열 등이 있다. 설사가 나거나 세균성 이질 진단을 받은 식품 취급자를 차단하고 파리나 바퀴벌레 등의 유입을 예방한다.

- 리스테리아증 : 생고기, 저온 살균되지 않은 우유 및 유제품, 즉석 식품에 의해 감염되며 일반적인 증상으로는 임산부의 경우 자연유산이 될 수 있으며 신생아의 경우 폐혈증, 폐렴, 수막염을 일으킬 수 있다.

- 황색 포도상 구균 : 식품 취급자의 손에서 발생하는 균으로 손에 의해 오염된 식품에서 발생하며 증상으로는 메스꺼움, 구토 및 발열, 복부경련 등이 있다. 식품 취급자는 손을 청결히 유지하고 칼에 손이 베었을 경우 고무 골무를 이용하여 균의 교차오염을 방지하거나 식품 취급을 차단한다.

- A형 간염 : 바로 먹을 수 있는 즉석 식품이나 어패류에 의해 감염되며 초기증상으로는 미열, 무력감, 메스꺼움, 복통을 유발하고 후기 증상으로는 황달 증상을 보인다. 조리된 식품과 조리되지 않은 식품의 교차오염을 예방하고 A형 감염이 의심되는 식품 취급자를 차단한다.

- 노로 바이러스 : 겨울철에 발병률이 높은 식중독으로 기온이 낮을수록 더 오래 미생물이 생존한다. 하수에 의해 오염된 식재료나 굴, 조개류에서 많이 발견된다. 조개류는 85℃에서 1분 이상 가열하고 과일, 채소류는 흐르는 물에 살균 세척제를 이용해 잘 씻는다.

- 시클로스포라증 : 기생충이 있는 물로 세척한 농산물에서 발견되며 증상으로는 메스꺼움, 복부경련, 미열, 설사 발생 등이다. 인가되고 믿을만한 공급자로부터 농산물을 구매하고 손을 깨끗이 씻어 교차오염의 위험을 최소화한다.

감수자 소개

이유희 | 現, 씨케이코퍼레이션즈㈜ 연구개발실 실장

2013~2014	COFA GCA 심사위원
2012	서울커피포럼 패널
2006~2013	죠샌드위치, 브래덴코 커피등 다수의 PB 제품 개발
2006	씨케이코앤 커피생산 Quality Control 시스템 수립
2004	KACR(Kansai Allied Coffee Roasters) 기술연수
2003	일본동경도립대학 이학박사과정 수료

강두웅 | 現, 씨케이코퍼레이션즈㈜ 루소랩부문장

2006~2013	한화 빈스앤베리즈 브랜드 런칭 및 제품개발, 외식개발 담당
2006~2008	(사)한국커피협회 바리스타 2급 심사위원
2003	한국바리스타챔피언십 진행 및 심사위원
2003~2004	한국달마이어커피 아카데미 강사

정재인 | 現, 씨케이코퍼레이션즈㈜ 루소랩운영팀 팀장

2011~현재	카페 유로시안 등 다수의 카페 컨설팅
2011~2013	씨앤씨바리스타 학원 교육 실장
2007~2010	카파아이엔티 메뉴 개발 및 교육
2013~현재	(사)한국커피협회 바리스타 1급 실기 심사위원
2010~현재	(사)한국커피협회 바리스타 2급 실기 수석심사위원
2012~2013	WCCK 국가대표 선발 심사위원

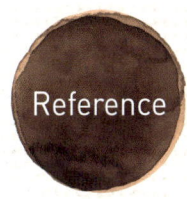

Reference

A. Illy and R. Viani, 〈Espresso Coffee: The Chemistry of Quality〉, Academic Press, 1995

Jean Nicolas Wintgens, 〈Coffee: Growing, Processing, Sustainable Produdction〉, WILEY-VCH, 2009

Flament, Ivon, 〈Coffee Flavor Chemistry〉, John Wiley & Sons Inc., 2007

James Kosalos 외, 〈Arabica Green Coffee Defect Handbook〉, SCAA, 2004

Ted R. Lingle, 〈the Coffee Brewing Handbook〉, SCAA, 1996

Ted R. Lingle, 〈the Coffee Cupper's Handbook〉, SCAA, 1996

최낙언, 〈과학으로 풀어본 커피향의 비밀〉, 서울꼬뮨, 2014

최낙언, 〈Flavor 맛이란 무엇인가〉, 예문당, 2013

전광수, 〈전광수의 로스팅 교과서〉, 달, 2013

호리구치 토시히데, 〈커피교과서〉, 달, 2012

다구치 마모루, 〈스페셜티 커피대전〉, 광문각, 2012

유대준, 〈Coffee Inside: All About Coffee〉, 해밀, 2012

최범수, 〈에스프레소 머신과 그라인더의 모든 것〉, 아이비라인, 2010

이현석, 〈커피 로스팅 테크닉〉, 서울꼬뮨, 2010

이승훈, 〈올 어바웃 에스프레소〉, 서울꼬뮨, 2009

송주빈, 〈커피 사이언스〉, 수빈, 2008

Gerhard A Jansen, 〈커피로스팅〉, 주빈, 2007

히로세 유키오, 〈더 알고 싶은 커피학〉, 광문각, 2007

최범수, 〈Espresso Coffee Machine〉, 아이비라인, 2006

여동완, 현금호, 〈Coffee〉, 가각본, 2004

문중웅, 〈완전한 에스프레소, 커피의 이해〉, 아이비라인, 2001